感情を動かす技術

カリスマメイカー
中西健太郎

ACHIEVEMENT PUBLISHING

はじめに

目の前にいる人の感情を、自分のイメージ通りに動かす。

そして、自分が望む行動へ相手を導くことで、目的を達成する。

本書は、そうした「感情を動かす技術」を身に付けることで自分のイメージを現実化し、人生を好転させる力としてもらうために書いたものです。

そう言われても、

「催眠術だってそううまくいくはずない!」

「そんな都合の良い話があるわけないよ……」

そう思う方がほとんどかと思います。

ところが、こうした「人の感情を動かす」ことを難なくこなす、ある一定の人種が実際に存在しています。

それは、〝表現者〟と言われる人たちです。


涙を流す悲しみの演技で、見る人の心を切なくさせる俳優。

勇気を奮い立たせる歌詞と歌声で、聴く人を力づける歌手。

軽快なテンポと話術を駆使して、万人の笑いを誘う芸人。


人を引き付け、心をつかみ、感情を揺り動かすことに長けた、こうした表現者たちのことを、世間では〝スター〟と言い表します。

スターが笑えばつられて笑みがこぼれるし、スターが涙すればもらい泣きをする……人の感情をリードして、思いのままに感情を操る——そんな突出した才能を持つ人種が表現者であり、スターと呼ばれる人たちです。


そして、僕の仕事はそんな才能を育て、〝スターをつくる〟ことです。

「……え？」と思われたかもしれませんね。聞き間違いではありません。スターはつくることができるのです。

もちろん、誰からも何も教えられることなく、人の心を引き付ける術に長けた人間は存在します。生まれながらにして、スターである人たちです。

しかし、ご存じのようにそんな人は一握りも存在しません。**今現在、テレビをはじめとするメディアで活躍している歌手、俳優、芸人の大多数は、長い時間をかけてトレーニングをし、努力を重ねることで、感情を動かす〝表現の技〟を獲得しているのです。**

僕はこれまでに、そうしたプロの表現を指導するボーカルディレクターとして、またメディアトレーナーとして、歌手や俳優、アナウンサーたちの表現のプロデュースを行ってきました。

声の出し方、気持ちのつくり方、姿勢をはじめとする体のつくり方はもちろん、人に与える印象のつくり方など、人の心を引き付けるためのテクニックを教え、最終的に人の感情を動かすことに長けたプロフェッショナルである〝スター〟に育て上げるのが、僕の仕事です。

声が震えてどうしようもなかったある新人歌手は、1万人を集めた日本武道館で場の空気を一瞬で変える歌声を出すようになりました。

10年前に原宿でスカウトされたある高校生の男の子は、僕の所で表現力を学び、エランドール賞新人賞をはじめとする数々の賞を受賞、最近では日本アカデミー賞最優秀主演男優賞を獲得するまでに成長しました。

そして最近は、指導の対象がビジネスパーソンにまで広がるようになりました。

ビジネスに「スターに必要な表現のメソッドが必要なの？」と疑問に思われるかもしれません。

しかし、

- 自分が売りたいものを売る
- たくさんの人に集まってもらう
- 人前でプレゼンテーションをする

・上司や部下を味方に付ける
・リーダーとしてチーム全員のポテンシャルを上げる

など、**あらゆるビジネスシーンで自分が望む結果を出すためには、「人の感情を動かす」表現力は絶対に欠かすことができません。**

例えば、世界的なカリスマプレゼンターの一人に、スティーブ・ジョブズがいます。彼が新商品のプレゼンをするだけで、その商品は世界中の人が各国のアップルストアの前に行列をつくるほど売れました。さらに、プレゼン自体が世界中のニュースとなり、会社を休んでまで、徹夜をしてまでパソコンの前にはりつく人が現れるほどの熱狂を生んでいました。

なぜそこまで、ジョブズのプレゼンが人の心をつかんだのでしょうか?

僕は彼のプレゼン映像を見たとき、すぐに「これは舞台芸術の世界で使われている、表現者たちの技術だ」と気付きました。

声や体の使い方、場の空間の使い方、見た目の作り込み方、プレゼンが舞台のようなストーリー仕立てになっているところまで、全てが演劇の世界ではごく当たり前に使われている「感情を動かす技術」が駆使されていたのです。

後から知りましたが、実際にジョブズはプレゼンの3カ月以上前から表現のプロに演技指導を受け、繰り返しトレーニングをしていたそうです。

プレゼンは伝える情報だけが重要視され、その情報をいかに分かりやすく資料としてまとめるかといったことのみに意識が向けられがちです。

ところが、情報を「どんな表現の技で伝え、聞き手の感情を動かすか」ということを徹底的に練り上げたジョブズこそが、圧倒的な力を持つプレゼンターとなったのです。

つまり、**プレゼンにおいては情報の中身よりも、情報を伝えるための表現力の方が、聞き手に圧倒的な影響を与えるということです。**

そして、エンターテインメントの世界にいる僕から見たとき、ジョブズの表現力はとてもまねができないレベルでもなく、突出して優れているとも感じませんでした。

何が言いたいかというと、**誰でも適切な表現力のトレーニングをすれば、スティーブ・ジョブズと同じレベルの「感情を動かす技術」を習得することは可能**だということです。

そこに気が付いてから、僕はあらゆる業界のビジネスパーソンに、プレゼンに必要な表現力を指導するようになりました。

すると「エンターテインメント界の表現力をトレーニングする、一風変わったプレゼン講師がいるらしい」という口コミが広がり、今では大企業の経営者をはじめ、弁護士や医師、コンサルタントなど、さまざまなビジネスパーソンが、僕の元に訪れるようになったのです。

面白いのは、**指導したビジネスパーソンのプレゼン技術が上達したのはもちろん、プライベートにも好影響があったということでした。**

ある企業のマネージャー職をされていた男性は、数回のセミナーに通ううち、すっかり途絶えていた奥さんとの会話が徐々に増え、セミナーを終えるころにはご夫婦の間で笑顔が復活したそうです。

また、ある中小企業の跡取り息子さんは、通い始めは地味で見た目にも自信がなさそうな印象でしたが、徐々に声が大きくなり、姿勢が良くなり、髪型も服装もすっかりあか抜けて、1年たった今――急に女性にモテるようにまでなりました。

「女性にモテる」というのは、男性にとって最大の自己肯定感の材料となりますから、さらに自信を増して、今では経営者予備軍コミュニティーのリーダーとして頭角を現しています。

この方々に何が起きたのかというと――。

「人の感情を自分のイメージ通りに動かす技術」が、**ビジネスだけでなく、プライベートな人間関係においても良い方向に向かわせる**ことになったということです。

エンターテインメントではもちろん、ビジネスシーンでも、家庭や友人・恋愛関係などプライベートな場でも、あらゆるシーンで感情を動かす表現力は、絶大な力を発揮します。

なぜなら、**人の行動は感情によって生み出されるからです。**

営業マンは、クライアントに「この商品が欲しい！」という感情を生むことで「お金を出して買う」という行動に落とし込みます。

チームリーダーは、メンバーに「このプロジェクトを成功させたい」という感情を生むことで「全力で仕事に打ち込む」という行動を起こさせます。

恋する男性は、意中の女性に「この人といると楽しい」という感情を生むことで「デートを了承する」という約束を取り付けられるのです。

行動が先ではありません。感情が先なのです。

時に「間違っている」「理屈が通らない」と頭では分かっていても、行動してしまう——意志や理性を超えてしまうほど、感情は強いエネルギーを持っています。

強いエネルギーそのものである、人の感情を動かすための表現力は、あなたの人生を好転させ、切り開くための最大の武器となるものと、僕は確信しています。

ビジネスで、プライベートで、「感情を制するものは人生を制す」。

そのために必要な技術を、本書ではこれから分かりやすく、皆さんへ伝授していきます。

さあ、「感情を動かす技術」習得のためのトレーニングを、今このときから始めていきましょう。

感情を動かす技術　目次

はじめに　2

第1章　自分の価値を高くする方法

人の感情を動かすものは何か　20
エネルギーを表すのは姿勢と声　24
「美しくて生命力が高い」というアドバンテージ　26
〝好感度の高い個性〟こそ強い　34

感情を動かす「姿勢」のつくり方　39
感情を動かす「声」のつくり方　54
「良い姿勢」を日常にすると声も良くなる　65
呼吸筋を鍛えるとエネルギーが高まる　67
声の表現力を磨く最強トレーニング法　80
エネルギーワーク　88
感情を動かす column 「緊張」は、成功に必要なエネルギー　96

第2章 感情をリードする

プレゼン能力の有無で人生は変わる　100

第3章 実践する

プレゼンの5つのステップ 103
舞台のタイムライン5STEP 106
リーダーとは「感情をリードする人」 110
〝いつも上機嫌〟という覚悟 112
平常心をつくる 118
伝え方は「濃度」「スピード」「分量」を考える 125
表現力の磨き方 130
超一流の教材はCM原稿 132
感情を動かす column プレゼン会場を「知っている場所」にする方法 140

「ストーリーを演じられる」スキルを身に付ける 144
日本人は本当に〝表現力がない〟のか？ 146
ファーストステップの「1分間スピーチ」 152
好きなジャンルについて話す 155
〝初めて話す感動〟が人の心を動かす 160
日常の中で行う「プレゼン遊び」 164
人生のあらゆるシーンでプレゼン力を役立てる 173
温かな家族関係を取り戻したAさん 175
表現の必要性を感じてトレーニングをした研究職Tさん 180
感情を動かす column プレゼン上手になる三つのテクニック 184

終章　中西メソッド体験者　特別インタビュー

世界最大級のスタートアップイベントで
「人を感動させるレベル」のプレゼンができました
個人投資家／Ｄｒｏｎｅ Ｆｕｎｄ代表パートナー／慶應義塾大学ＳＦＣ 特別招聘教授
千葉功太郎さん　188

人を動かす表現力は、プレゼンだけでなく
全てのビジネスシーンで頼もしい武器になります
鳥飼総合法律事務所 代表弁護士
鳥飼重和さん　194

自分はスターになる義務がある。
ピッチで大きく見える自分をつくる方法を教えてもらいました
ヴィッセル神戸所属・2011／2019日本代表選手
西 大伍さん 202
外郎売 207
おわりに 211

第1章

自分の価値を高くする方法

人の感情を動かすものは何か

「目の前にいる人の感情を動かしてみてください」


そういわれたら、皆さんはどうするでしょうか。

セミナーで僕がそう言うと、ほとんどの人が戸惑い、立ち尽くします。

それは、

「人の感情を動かすことはとても難しいことだ」

「今すぐそんなこと、できるはずがない」

という先入観がそうさせているからだと思います。


でも実は、人の感情を動かすだけなら、ものすごく簡単です。

必要なことはたった一つだけ。

それは、「高いエネルギー」です。

例えば、僕が唐突に「ワッ！！！」と大きな声を出したら、誰もが体をビクッとさせて驚きます。これは、「びっくりした！」という感情の動きを、僕が生んだということです。

一声、大きな声を出しただけで、人の感情は動かすことができます。

ポイントは「高いエネルギー」というところです。予想外の大きなエネルギーに、人は感情を揺り動かされるからです。

例えば、水の入ったコップの後ろに豆電球が落ちていくのを見ても、誰も何とも思いませんね。ところが、海に沈む夕日を見ると、人は胸をいっぱいにして、感動します。

この二つは「水の向こう側に光が落ちる」という、まったく同じ現象です。しかし、そのスケールが、すなわちそのエネルギーが高くなるだけで、人はものすごく感動をするわけです。

[人は「エネルギーの高い」ものに感動する]

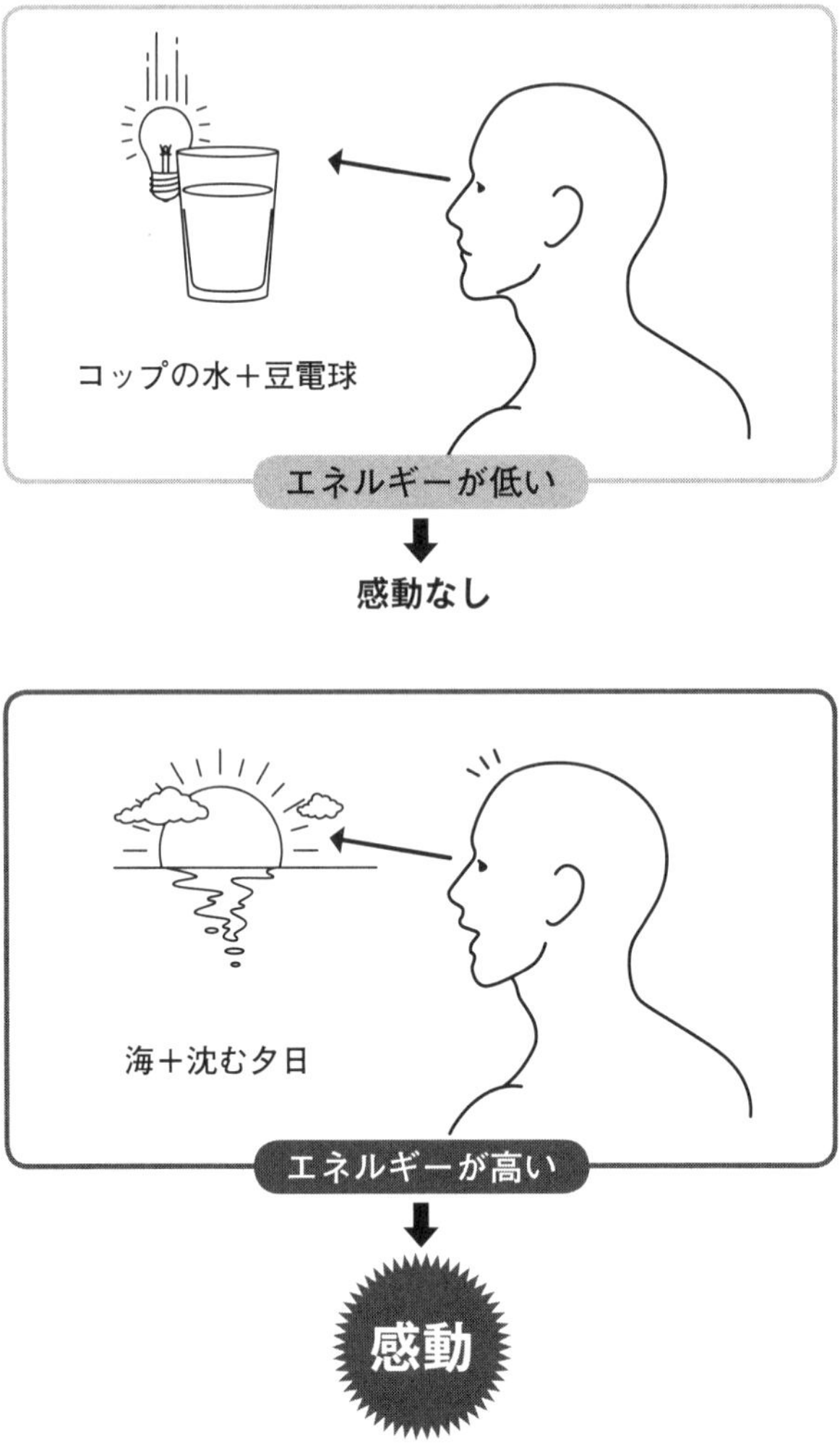

これを人に当てはめると、自分自身が高いエネルギーを備えることで（最終的に感情の方向性をつくっていく必要はありますが）、人の感情を動かすという目的は果たせるということです。

つまり、人の感情を動かしたいならば、自分自身をエネルギーが高くて生き生きとした状態に整えればいいのです。

また、ひそかに高いエネルギーを持っていても相手には伝わりませんから、自分のエネルギーの高さを分かりやすく表現することも必要になってきます。

とはいえ「エネルギーを高くせよ」と言われても何をすればよいのか、さっぱりだと思います。これから具体的にその方法についてお伝えしていきましょう。

エネルギーを表すのは姿勢と声

「人の感情を動かす」ために、まずやるべきこと。それは自分のエネルギーを高めること、そして「わたしは高いエネルギーを持っていますよ」と相手へ表現することです。

表現とは「表に現す」ということ。表に現さないと相手に伝わりません。

そのために具体的に何をすればよいのかというと、特別難しいことではありません。滝に打たれる修行も、今はやりの瞑想も必要ありません。

①姿勢を整える

②声を鍛える

たったこの二つです。

エネルギーの高さは姿勢と声に現れ、相対する人の無意識へ働き掛けます。

例えば、姿勢が良くて声も力強く、張りがある人は、それだけで相対する人に高いエネルギーの持ち主であることが伝わります。

逆に、猫背で声もか細く、話していることがよく聞き取れないような人に対して、エネルギーの高さを感じることはありません。

つまり、姿勢と声がいいだけで、自分の商品価値を上げることができるわけです。そして姿勢を整えること、声を鍛えることは、エネルギーを高めることにもつながります。

つまり、姿勢と声のトレーニングは、エネルギーを高めるトレーニングでもあり、エネルギーが高いことを表現する手段でもあるわけです。まさしく一挙両得、やらなきゃ損なくらいです。

本章では、この姿勢と声のトレーニングについて詳しくお伝えすることがテーマとなります。

「美しくて生命力が高い」というアドバンテージ

姿勢と声について取り上げる前に――

もっと手っ取り早く、人の感情を動かしやすくする手段が一つあるので先にお伝えしておきましょう。

「手っ取り早い」と言いましたが、姿勢と声のトレーニングよりも、人の感情を動かす条件としては大前提でもあり、人間の本能に働き掛けるプリミティブな効果をも持つともいえる要素です。

それは、**見た目が「美しくて生命力が高い」ということです**。この要素には姿勢と声もある意味含まれますね。姿勢が良いというのはそれだけで見た目がグッと良くなりますし、大きくて張りのある声は生命力が高い証拠でもあるからです。

人と人が出会って最初に影響を与えるのは、圧倒的に見た目です。

「この人の話を聞くか、聞かないか」

人は無意識にこのジャッジを、出会って０・５秒には下すといいます。

見た目に「価値がない」と相手に感じさせた場合、０・５秒後にはその人の心の目は閉じ、耳はふさがれてしまいます。

そうなると、相手の感情を動かすことは非常に難しくなります。

相手の感情を動かすためのどんなに優れた表現力があったとしても、最初からこのハンディがあっては大変に不利となり、後から姿勢と声でエネルギーの高さを表現して印象を巻き返すのはなかなか困難ですから、無駄に遠回りすることにもなります。

逆に、人の感情を動かす上で、大きなアドバンテージとなるのが「美しくて生命力が高い」ことなのです。

例えば、皆さんがこれから毎日使うコーヒーカップを新調すると決めて、お店へ買いにいったとしましょう。

お店にはいろいろなデザインのいろいろなカップが並んでいますが、皆さんは何を決め手にして購入するでしょうか。

人それぞれ好みが違うと思いますが、お金を出す価値があると納得できるための最低条件は、汚れやカケのない、きれいな状態であることです。

その上で、自分の好みのデザインや色のものを選びますよね。

買う前から薄汚れていたり、カケやヒビがはいったカップに対して、人は価値を感じることはなく、ましてや「欲しい」という感情を抱きません。間違っても「お金を出して買う」という行動にはでないわけです。


人にもまた、同じことが言えます。

初対面のとき、背中が丸まっていたり、ボソボソとエネルギーの乏しい声で話したり、目に力がなかったりしたらどうでしょうか。営業マンだとしたらその人が勧めてくるものに魅力を感じないでしょうし、セミナー講師だとしたら登場した瞬間から参加者の心は離れ、話を聴く前から関心が薄れることでしょう。お見合い相手だとしたら、これからお付き合いしたいとはとても思えません。

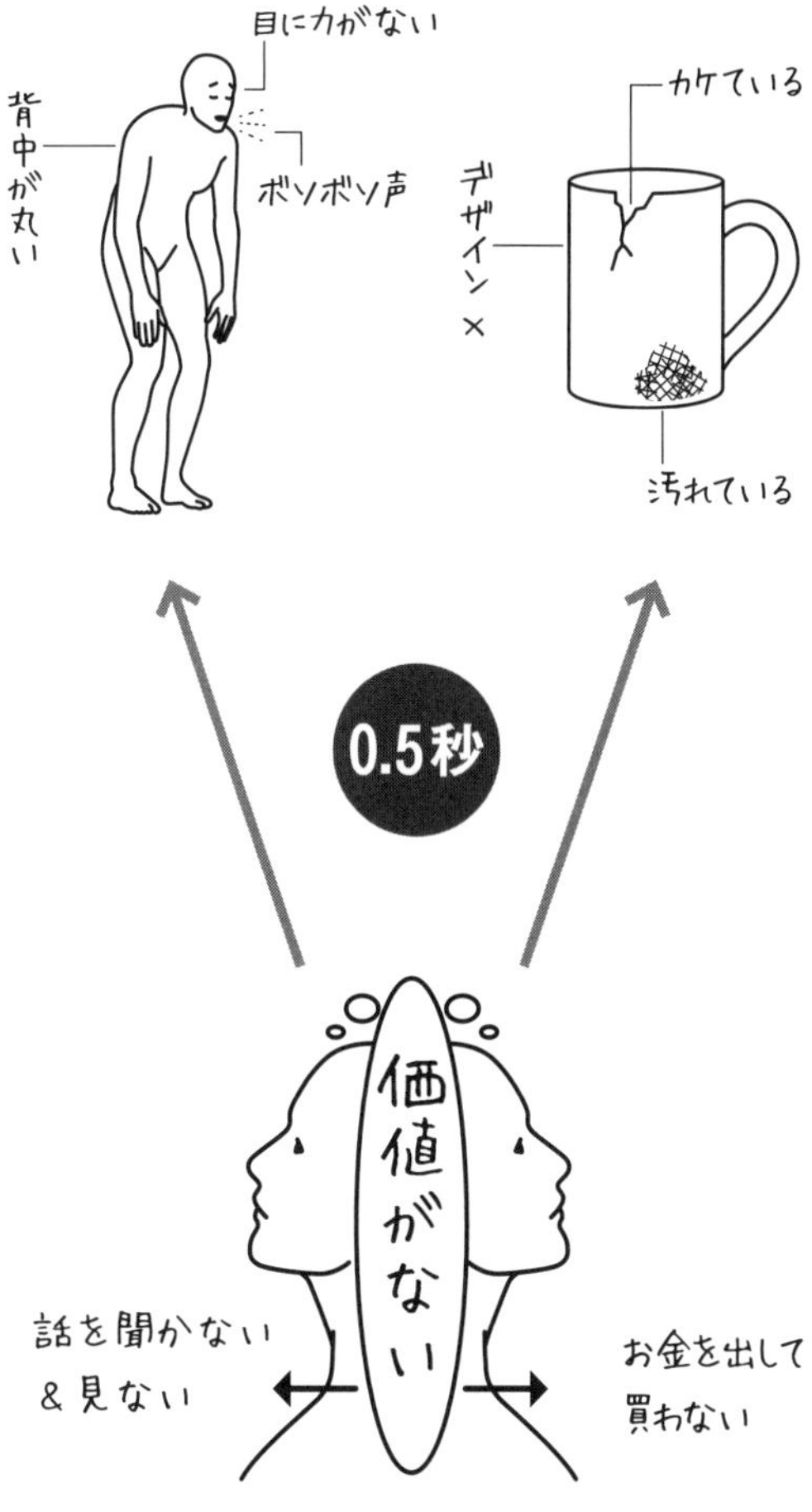
目に力がない
背中が丸い
ボソボソ声
カケている
デザイン×
汚れている
0.5秒
価値がない
話を聞かない
＆見ない
お金を出して
買わない

なぜなら、人は美しくて生命力が高いものに価値を見いだすから。それが、人間の自然な感情の動きです。**人に価値を感じさせないものには「感情を動かす力」が乏しく、当然ながら、その後に続く「人に行動を起こさせる力」もありません。**

人に「価値がある」と認識させやすい、手っ取り早い条件が**「美しくて生命力が高い」ことです。**

これは、そもそも生き物としての本能に根差しているため、強烈で動かし難い性質です。自然界では「美しくて生命力が高い」ものが、他者を強烈に引き寄せるのです。当然、生き物である人間の社会でも、「この人は価値がある」と人に無意識に感じさせる条件となります。

今、目の前で話し始めた人が美しくて生命力が高い人――つまり「価値が高い人」と感じられたら、人はそれだけで無意識のうちに、目と耳を集中させてその人の話を聴こうとします。

逆に、どんなにいい話を相手にしようとしても、背中が丸まっていたり、ボソボソと聞き取れないようなエネルギーに乏しい声で話す人に対しては、心の目は閉じ、耳はふさがれてしまうことでしょう。

「美しくて生命力が高いこと」は、感情を動かす前段階において、圧倒的なアドバンテージを得ることになります。

実際、デザインの悪い商品は売れません。人もそれと同じです。とてもシンプルです。

見た目をよくするなんて、そんなの当たり前の心得だと思われるでしょうか。

そうです、当たり前のことです。特にビジネスの場では、最低限のマナーであるといえるほどです。

ところが、この当たり前のことがあまりにもなおざりにされていると僕は感じます。

例えばある朝、通勤電車に乗ったとき、周りのビジネスパーソンを見回してみてください。そのうち、「美しくて生命力が高い人」は何人いるでしょうか。

パッと見て、一瞬で判断してください。目標は、生命力の高さが感じられて美しいなと目を引くような人です。

おそらく、さほど多くは見つからないことでしょう。一人も見つからなくても、不思議ではありません。

逆に、だるそうにスマホのゲームをしている人、昨日の疲れを引きずってダラッとしている人は、簡単に両手の数ほど見つかると思います。たとえメイクやヘアスタイリングが完璧な女性、ハイブランドで身を固めた男性だとしても、猫背で目に力がなく、ぼんやりとしていたら「美しくて生命力が高い人」という印象はとても得られません。

夜、自宅へ帰るときの電車の中でも同じように数えてみてください。仕事で疲れている人も多いでしょうから、さらに「美しくて生命力が高い人」を見つけることは難しくなることでしょう。

「いざというときだけ、ちゃんとすればいい」

そうおっしゃる方も時々いますが、そう言う人ほど「美しくて生命力が高い人」でないことがほとんどです。

それもそのはず。なぜなら、いきなり美しくなったり、いきなり生命力が高くなったりすることは不可能ですから。

常日頃から意識を高く持っている人が、美しく生命力も高くなれるのです。

どこへ行っても人の目にさらされる芸能人が、どんどんあか抜けて美しくなり、輝きを増していくのはこのためです。

手っ取り早く相手へ受け入れてもらうためには、「美しくて生命力が高いこと」を目指すことです。それだけで、その他大勢から突出し、大きなアドバンテージを得ることができます。

〝好感度の高い個性〟こそ強い

「美しくて生命力が高い」ことが最低限、というお話を僕がすると、決まって「そうはいっても生まれ持った見た目はどうしようもない！」と言う方がいます。

生まれながらの美男美女は、もちろんそれだけで高いエネルギーを持つ存在です。ただ、**人間が感じる美しさは多種多様で、「見た目が整っている」というのはその中の一要素にすぎません。**

ルノワールの描く精緻な陰影も、ピカソのパワーあふれる大胆な色彩も、まったく個性は異なりますが、人を強烈に引き付ける美しさを同じく備えています。

僕は美しさとはすなわち、生命力や能力の現れだと思っています。

姿勢という字が示す通り、その人の勢いが姿（外見）に現れてくるわけです。

顔が整っていなくても、スタイルが良くなくても、魅力的な人、人を引き付ける力

を持つ人はいくらでもいます。

美しさは価値が高いと前述しました。ただ、その美しさとはいわゆる美醜に限らないのです。

例えば、マツコ・デラックスさん。

いわゆる美形でもなく、規格外の肥満体形のタレントさんですが、大変な人気者です。

それは、マツコさんのあの個性的な見た目、小気味よく頭の回転が速い話し方、正直に出る本音に対して、多くの人が魅力を感じているからです。

他に類のない、強烈な個性に多くの人が魅了され、好感を抱いているからこそ、マツコさんが「おいしい！」といった食品は飛ぶように売れるわけです。

そこに目を付けた多くの食品メーカーが、こぞってマツコさんをＣＭに起用したがっていますね。つまり、マツコさんは価値が飛び抜けて高い、稀有なスターの一人ということ。

つまり、「魅力的な個性が美しく輝く、生命力が高い人」なのです。

マツコさんの例のように個性が輝く生命力の高い人は、ただ顔が整っている人以上に強い魅力を放つものです。

ビジネスの場では特に「自分の見た目も商品である」という意識を持って、しっかり外見をプロデュースすることが絶対に必要です。

感情を動かす相手に、自分はどんな印象を与えたいのか。

自分を見て、「価値が高い」と相手に感じてもらえるかどうか。

自分の目的を達成するためにふさわしい第一印象を客観的に割り出し、現実化することも、人の感情を動かすためには欠かせない表現力です。

しかも、0・5秒で相手に伝わる、最速の表現力です。

自分の見た目には商品価値があるかどうか？　という意識のフィルターを通して、自分を客観的に見る癖をつけてください。

そこに商品価値の高いあなたはいますか？

時には身近な人に写真や動画を撮ってもらうと、また違う視点で自分が見られるかもしれません。

また、あなたが最も理想的だなと思う人と頭の中で並べてみてください。どう感じるでしょうか?

そしてもう一度言いますが——美しさは価値であり、この価値は美醜とイコールではありません。個性もまた、美しさという価値となります。

あなたの個性を、最大限多くの人へ売ることができるほどのいいデザインにするのです。

極端なことをいえば、デザインが良いと、質が少々悪くても商品は売れてしまいます。

例えば、

- 燃費は悪いけれど、ものすごく洗練されたデザインの車
- 多少着心地は悪いけれど、デザインがとびっきり素敵な服

こういうものは、マイナスな点が分かっていても欲しくなるので高値を付けてもよく売れます。

しかし、これが逆だといけません。

燃費はいいけれど——着心地はいいけれど——「デザインがダサい」というだけで、価値はものすごく落ちるわけです。

高値が付けられるように、自分を商品として開発する意識で、どうやってお客様へリリースしていくかをプロデュースするのです。

「いいデザインの商品は飛ぶように売れる」ということを、「感情を動かす技術」習得の第一の心得としてください。

感情を動かす「姿勢」のつくり方

「美しくて生命力が高い」というのは、感情を動かす大きなアドバンテージになることが分かっていただけたところで、本書の核心となるテーマに戻りましょう。

エネルギーを高めると同時に、その高さを相手に伝える表現にもなる、姿勢と声のトレーニングです。

まずは、姿勢からお話ししましょう。

感情を動かす上で、「姿勢」は大変重要な表現の一つです。

見た目の重要性は先に述べた通りですが、**姿勢は「勢いを姿する」と書く通り、自分の勢い＝エネルギーがどれほどのものであるか、そしてどんなパーソナリティなのかを周囲へ知らしめる表現です。**

しょんぼりとした猫背の人からは、高いエネルギーを感じることはありません。逆に、堂々たる美しい姿勢の人からは、あふれ出るようなエネルギーが感じられるものです。

そして、姿勢の良さは健康の証しでもあります。

なぜなら、どこか具合が悪かったり、痛みがあったりするとき、人は自然と背を丸め、膝は伸び切らず、目線は落ちてしまいます。

つまり、姿勢が悪いと不健康で劣化した印象を相手に与えてしまうのです。

姿勢のよさは、先にもお伝えした「美しくて生命力が高い」という印象を相手に伝える表現でもあるわけです。

活気のある人と接すると、その影響を受けて、自分も楽しい気分になったりやる気が出たりしますね。

人は与えてくれる人が好きですから、元気をもらえそうな活気のある人の周りには「元気が欲しい」「元気を分けてもらいたい」と、自然と人が集まるのです。

つまり、人に影響を与えようというときは、エネルギーレベルが高くなければいけません。先に述べた通り、より元気な人が、そうではない人に影響を与える、というのが原則だからです。

エネルギーは高い所から低い所へ流れます。その逆はないのです。

そして、エネルギーのレベルを上げるギアが、姿勢です。

では、具体的にどんな姿勢がエネルギーの高さを表現するのか、お伝えしていきましょう。

例えば、感情を動かす表現者として頂点にいるスターたちの姿勢には、共通する次の三つのポイントがあります。

[エネルギーの高さを表す姿勢の「三つのポイント」]

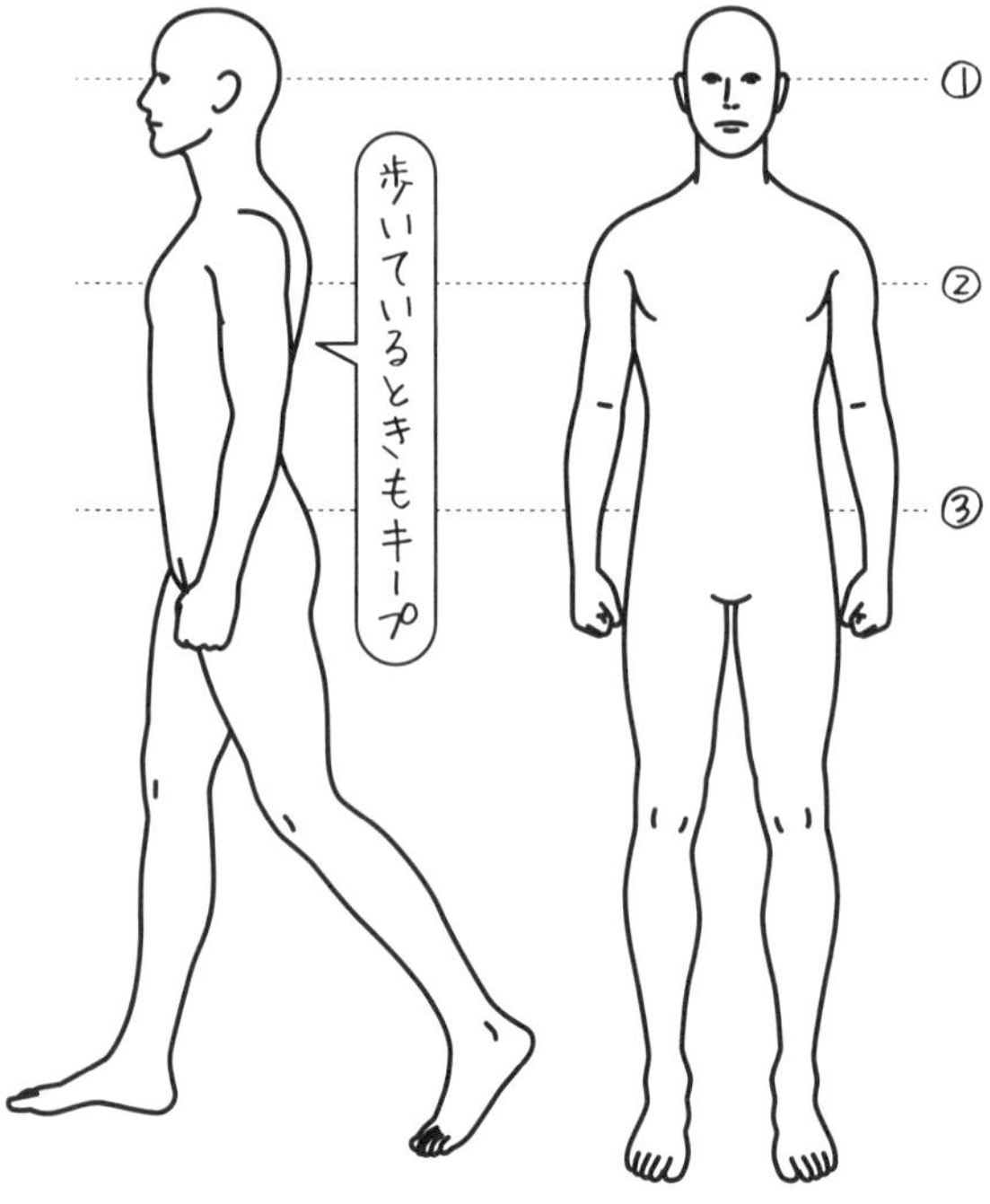

①「目線」が高い

②「胸の位置」が高い

③「腰の位置」が高い

この三つのポイントが常に保たれ、歩いているときも高さをキープしながら平行に動いていくのが、スターの特徴。この3点の高さが常に保たれていると、立っていても、歩いていても、非常に動きが美しくなります。

舞台に立つ俳優やアナウンサー、司会者など、人前に立つ仕事をしている人は、この3点の高さが保たれています。人前に立つ人は、一番にこの姿勢を保つトレーニングを徹底して行うためです。

元アメリカ大統領のバラク・オバマ氏は、常にこの三つのポイントが保たれた、堂々たる美しい姿勢の持ち主でした。

もし、オバマ氏が常に伏し目がちで、猫背のために胸が閉じ、腰が落ちていたとしたら、わたしたちは彼を見たときどんな感情になったでしょうか。あそこまでのカリスマ性が発揮されなかったことは間違いありません。

この3ポイントがそろうと、「この人は高いエネルギーの持ち主だ」というサインが相手の無意識へ送られます。そして、そのエネルギーの高さに比例して影響力が強まるのです。

例えば、初めて会う人とあいさつを交わすとき。目の前の相手が猫背で胸が閉じ、膝は曲がり、こちらの目を見ないで伏し目がちだったとしたら、あなたはどんな感情になるでしょうか。

「暗そうな人だな……」と思ったり、さらには「仕事を任せて大丈夫だろうか」と不安になったりするのが自然な心の動きだと思います。

逆に、背筋がすっと伸びてリラックスした良い姿勢をしていて高い位置で目がしっかりと合う――そんな人が笑顔であいさつしてきたら？

当然ながら「気持ちのよい人だ」「自信にあふれて堂々としているな」「安心して仕事を一緒にできそうだ」となりますし、別れた後に「また会いたい人だ」「もっといろいろと話をしてみたい」とさえ感じることでしょう。

つまり、**姿勢を整えることは「美しくて生命力が高いこと」「エネルギーが高いこと」を表現する、大変便利な手段というわけです。**

利用しない手はありません。

ここで注意してほしいのは、姿勢を良くしようとしてへんに胸を張ったり、腰が反り返ってしまったりと、不自然な姿勢になってしまうこと。

不自然な姿勢は、当然、見る人に違和感を与えて「無理をしている」「つくっている」といった印象を与えてしまいます。もっといえば、「ニセモノっぽい」「うさんくさい」とも受け取られてしまう危険があります。また、不自然な姿勢は体のあちこちに余計な力がかかるため、体の負担となり、長く保つことができません。疲れるだけでなく、関節や筋肉を痛めてしまうことさえあります。

そこで、自然で美しく、エネルギーが高くなる姿勢のつくり方をお伝えしておきましょう。

俳優や歌手、アナウンサーやビジネスパーソンなど職業にかかわらず、表現者になるための第一歩として全員に僕が指導しているもので、先ほどお伝えしたスターに共通する3つのポイントを自然に押さえることができる方法です。

最初は、はだしで練習することでこつがつかみやすくなります。

[エネルギーを高める基本の姿勢]

STEP 1

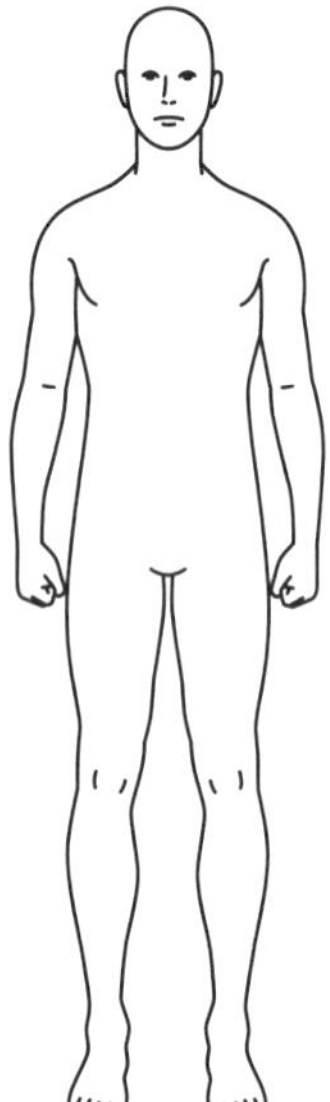

足を腰幅に開き、
親指が平行になる
ようにそろえる。

STEP 2

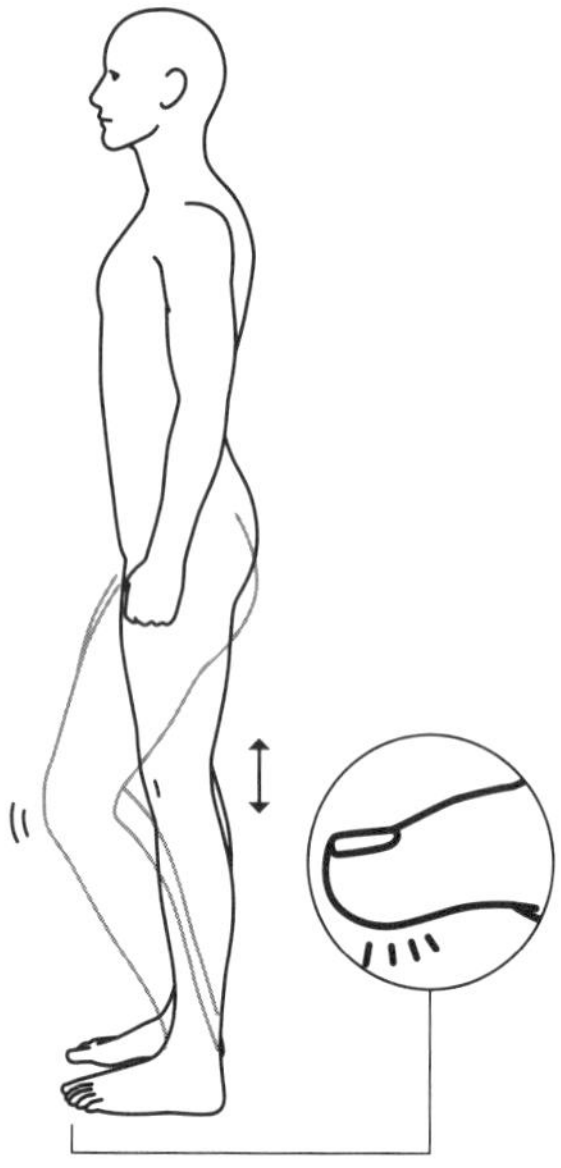

足の親指を床にしっかりと着
けて膝を軽く曲げ、地面を足
の裏でグーッと押すようにし
て膝をゆっくり伸ばす。

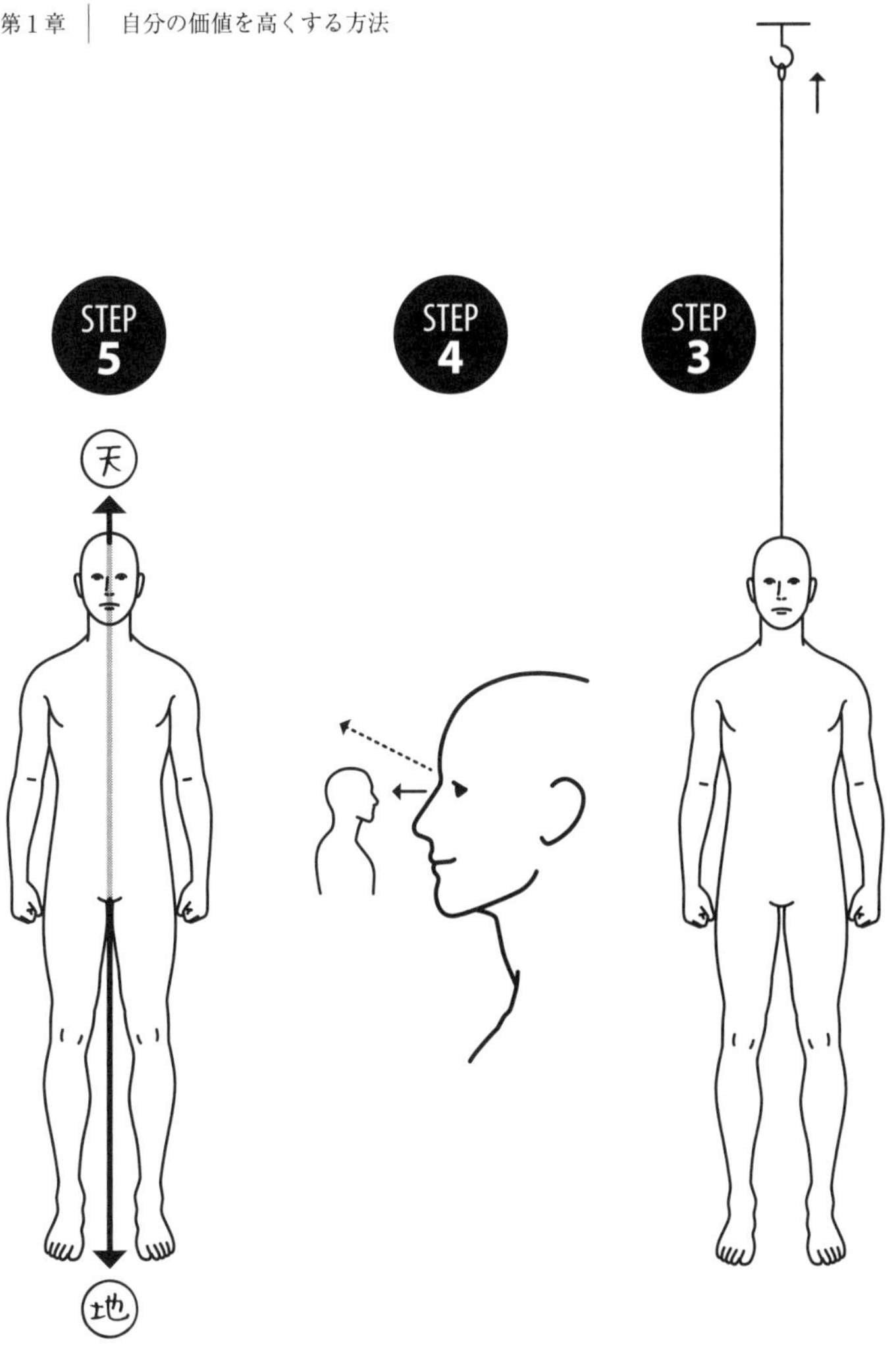

STEP 3
空にフックがあり（スカイフック）「つられている」という意識で頭を持ち上げる。

STEP 4
一度目線を遠くにやり、そこから柔らかく相手の方へ目線を下ろす。

STEP 5
天から頭頂部、足元を通って地の底へと貫く、長い一本の正中線を意識する。

これが、理想的な姿勢のデフォルトです。

常日頃から、この姿勢を保つ意識を持ってください。歩くのも座るのも、この理想の姿勢から移行することで、動きが美しくなります。

自然に力が抜けた状態で背筋も伸びるので、長く保つこともつらくないはずです。

また、基本の姿勢のＳＴＥＰの中でも、なかなか定着しづらいのが、目線です。

ほとんどの人は、自分が思っているよりも伏し目がちになっています。最近はスマホを見ながら歩いている人も多いから、なおさらですね。

試しに、目線をいつもよりも上にして、街を歩いてみてください。ほとんどの人と目が合わないはずです。それぐらい〝目線が下の世界〟で生きている人は多いのです。

俳優が演技で落ち込みや悲しみを表現するとき、たいていは目を伏せ、肩を落とし、背を丸めることで表現をするように**「目を伏せる」「目線が低い」のは、マイナス感情やエネルギーの低さ、自分がいかに弱っているかを周囲へ分かりやすく伝える表現ということです。**

「目は口ほどにものをいう」とも言いますから、ちょっと下へ目線が傾いただけでもかなり暗い印象を与えてしまうため、注意が必要です。

間違っても、下からすくい上げるように人を見たり、目を伏せながら話さないようにしましょう。

周囲から「暗い」「元気がない」「何か隠し事があるのでは……」といった、負の印象を持たれてしまいます。

また、目線を上にして歩くともう一つ気が付くことがあると思います。

それは、自然と気持ちも上向くということです。

前述のように、人は落ち込んでいるとき自然と目線が低くなり、下を向いてしまいます。気持ちが体に、行動に現れるわけです。

実は、この逆の流れもあるという事実はあまり知られていません。

つまり**「目線を上にしながら落ち込むことは難しい」ということです。**

試しに広い空を眺め、気持ちよく深呼吸をしながら嫌なことを思い出してみてください。不思議とたいしたことではないような気がしてくると思います。

体（行動）から働き掛けることで、心（心理）へアプローチをするのは、心理療法の一つである「行動療法」として広く知られています。

見えない心を操作するのは難しいのですが、実態として間違いなく存在する体（行動）を操作するのは簡単です。そして、行動は心へ大きな影響を与えます。


心よりも、体の方が強い。心は体に勝てない。


それを肝に銘じてください。自分の感情をコントロールしたいとき、操作するのは常に心ではなく、体です。

落ち込んでいるとき、「明るくなれ！」と気持ちを変えようとしても、とてもできるものではありません。でも、胸を開いて目線を上に向け、空を眺めながら深呼吸をすることはとても簡単です。すると、自然と心もリラックスをして上を向くことができるのです。

割り箸を横に口にくわえて口角を上げて笑顔に近い表情をつくると、脳内に幸福感を生む快楽物質が分泌される、という有名な脳科学の実験が一時期話題になりました。これもまた「体を操作することで心がつくられる」ということを示しています。最近の研究では、体内のホルモンレベルが姿勢によって左右され、メンタルへ大きな影響を与えることも分かってきました。

やや高い目線は、自分自身にもプラスのエネルギーとなって、いい影響を与えてくれるのです。

高い目線をつくるときに気を付けてほしいのが、スピーチなどでお客さんが自分より下の方にいるときです。そのときは高い目線をつくってから、お客さんの方に向かって「柔らかく見下ろす」ようにしてください。間違っても、見下さないようにしてくださいね。偉そうにしている印象を持たれてしまいます。

また、骨盤や肋骨が開いても、偉そうな印象やだらしのない印象を残してしまいます。骨盤が開くとガニ股に、肋骨が開くと不自然に胸を張っている人になってしまうからです。

足の親指を平行にして、頭が空からつられているように立てれば、骨盤も肋骨も気持ちよく締まり、自然と余分な力が抜けた姿勢となります。

ただし、膝は伸ばし、足の親指はしっかりと地面に着けてください。

すると自然と、程よくお腹に力が入ります。

下半身は地へ深く根差すように、上半身は伸びやかに広がるようにリラックスした、大木のような理想的な「ゆるんだ姿勢」がつくれます。

僕は姿勢のレッスンのとき、生徒さんへ「ゆるむ」「たるむ」「りきむ」の違いについて、よくお話をしています。

「りきむ」は不必要なところへ力が入っている状態。

「たるむ」は必要なところの力が抜けている状態。

そして、「ゆるむ」は必要なところへ力がきちんと入っていて、不必要な力が抜けている状態です。

武道でも、スポーツでも、そして歌や芝居の発声練習でも、この「ゆるんだ姿勢」が最も力を発揮できる理想的な基本姿勢として、指導されています。

下半身はしっかりと地へ根差し、上半身は気持ちよく上へ伸びるようにリラックスした姿勢です。

この姿勢こそが、あなたの「勢いが姿している」状態です。

あなたのエネルギーが目に見えている状態です。

人前に立つとき、あなたのエネルギーが高いことを表現する技術です。

毎日、基本の姿勢のＳＴＥＰ１〜５のおさらいをして、この姿勢を常に保てるように、自然体になるまで繰り返し練習をしてください。

それが、自分を「エネルギーが高い人」としてデザインする、最速の方法です。

感情を動かす「声」のつくり方

人の感情を操作する表現として、次にマスターしたいのが「声」。自分をデザインするポイントの二つ目です。

「皆さんは、声の役割は何だと思いますか？」

セミナーで僕がそう尋ねると、多くの方は「言葉を伝える道具」と答えます。

それは間違いではありませんが、それだと声という道具を生かしきることができません。

「感情を動かす技術」を学ぼうとするなら、これからは「声は、熱とエネルギーを届ける道具」だと思ってください。

なぜなら、言葉を伝えようという意識では、人の感情を動かす声は出せないからです。言葉を伝えるだけなら、伝えたい内容を書いた文章を配れば事足りてしまいます。声にこだわる必要はありません。

しかし、**自分のエネルギーを伝えようと思ったら、声の質や大きさは変わるはずです。熱を相手に届けようと思ったら、声に込める思いが変わります。**

声は、姿勢と同じように自分のエネルギーがどれほどのものなのかを、相手の無意識へ届ける道具なのです。

人は相手の話を聞くとき、内容よりも相手の声の調子や大きさ、勢いやスピード、話す表情や姿勢から、より多くの情報を無意識に得ています。

話している言葉やその意味よりも、音としての声の方が、それを耳にした人の無意識へ働き掛ける力は比べものにならないほど強力です。

それはなぜかというと、動物が数百万年、数千万年前からコミュニケーションとして使っているツールは、声だからです。当然、動物である人間が認識するコミュニケーションツールのデフォルトも声、そして表情やスキンシップなどです。人類の歴史の中で言語が誕生したのはそれよりもずっと後、高度な言語を駆使してコミュニケーションするようになったのはここ数千年といわれています。

声は、情報を伝えるものとして、言語よりもずっと人間の無意識に届き、影響を与えるツールです。人が何かを話しているとき、聞く人はその言葉の意味よりもその声に表れる感情を受け止めているのです。

そのため、同じ言葉を発しても、声や姿勢の様子から得た情報によっては、真逆の意味にとられることもよくあります。

例えば、「ありがとう」というお礼の言葉。

これを、不機嫌な顔でそっぽを向きながら投げ捨てるように言われたら、あなたはどう感じるでしょうか。嫌みな感じがするでしょうし、ものすごく気分が悪くなるでしょう。

しかし、明るい声で温かみを持って、笑顔で伝えられたらどうでしょう。心にポッとぬくもりが生まれることでしょう。

同じ「ありがとう」という言葉でも、声の調子によって、真逆の感情を相手に生むわけです。これが、表現です。

また、歌の歌詞を文字として眺めたときには何も感じなかったけれど、歌手が情感を込めて歌いあげるのを聴いて激しく心を揺さぶられた、という経験はよくあることです。

これが、表現の力です。

意図せずうかつな調子で声を発することは、危険な行為となることさえあります。

また、自分が発した声は、相手だけでなく自分自身にも大きな影響を与えます。

なぜなら、**視覚、聴覚、嗅覚、触覚、味覚のうち、自らのセルフイメージに最も影響を与えるのは、聴覚――つまり、声だからです。**

わたしたちは、鏡がない限りは日常的に自分の姿を見ることはできません。自分の顔で目に映るのは、髪の毛や鼻ぐらいのものでしょう。また、自分の体臭を常に感じたり、自分の体を常時ベタベタと触っていたりはしませんし、ましてや舐めるなんてことはありませんね。

しかし、自分の声は一番に自分が耳にする上、手で耳をふさごうが、小さな声でささやこうが、いやでも聞こえてしまいます。

おそらく一生のうちで一番長い時間耳にする音であろう自分の声が、明るくて生き生きとしていればセルフイメージはポジティブになるし、暗くてどんよりとしていればネガティブになる——というわけです。

毎日、繰り返し聞かされるのですから、メンタルに大きな影響を与えるのは当然のことでしょう。

今、自分に自信が持てない、もしくは自分が好きではないという人がいたら、それはかなりの確率であなた自身の声も好きじゃないということ。反対に、自分に自信があって、自分のことが気に入っているという人は、自分の声も好きという人がほとんどです。

実は、声とセルフイメージの関係性は、この逆も作用します。

つまり、**いい声で話すことで、自分のセルフイメージを高くすることができるのです。**

生き生きとした張りのある声で話す、自分に自信のない人はいません。また、ぼそぼそと聞こえづらくて、か細い声で話す、自信に満ちた人もいないのです。

声のトレーニングをすることは、相手に自分のエネルギーの高さを示すと同時に、セルフイメージを高めて、自信にあふれた自分にすることにもつながるということです。

では、具体的にどんなトレーニングでどんな声を目指せばよいのでしょうか。

これからお伝えしていきますが、実は、ここまで読み進めていただいた時点で、声のレッスン法について半分ほどは説明済みです。

声のレッスンよりも先に、姿勢からスタートしたのには理由があります。いい姿勢をマスターすることは、理想的な声を出すことにもつながるからです。

美しい音の基準は、楽器です。

例えば、バイオリンは弦をはじき、その振動がボディの空洞に伝わって、華やかな美しい音を響かせます。

実は、人間の声も楽器と同じ原理で響きます。

バイオリンでいう弦は、人間の「声帯」。空洞は、「頭蓋、口腔、胸腔、腹腔」に当たります。

声帯が鳴らす音を人体の空洞できれいに響かせると、人が好むきれいな音＝美声となるのです。


「声は声帯が出している」という印象を持つ方は多いのですが、実は、これは正しくありません。

声帯という器官は、たったの1センチほどしかないことをご存じでしょうか。

オペラ歌手がマイクなしで、広い劇場いっぱいに美声を響かせることができるのは、体内の空洞をブースターとして最大限に利用しているから。小指の先ほどしかない声帯という楽器を震わせるだけでは、劇場の隅まで声を届けることは不可能です。

ところが、姿勢が悪いと人体の空洞はつぶれて狭くなり、空洞間のつながりも悪くなるために、当然ながら声は響かなくなります。

実際、猫背になると胸腔の空洞は半分以下になってしまいます。

試しに、頭を前へ倒し、背中を丸めて大きな声を出してみてください。とても不快な音として聞こえるはずです。声帯だけで無理やり出した空洞で響かない声は、人には耳障りで不快な音と感じられます。

また、声を出した本人にとってもマイナスです。無理やり出した不快な声を一番近くで耳にするわけですからメンタルに悪影響を与えることになるわけです。当然、声帯への負担も大きくなるので、喉を傷める原因にもなります。

[人の声が響く仕組み]

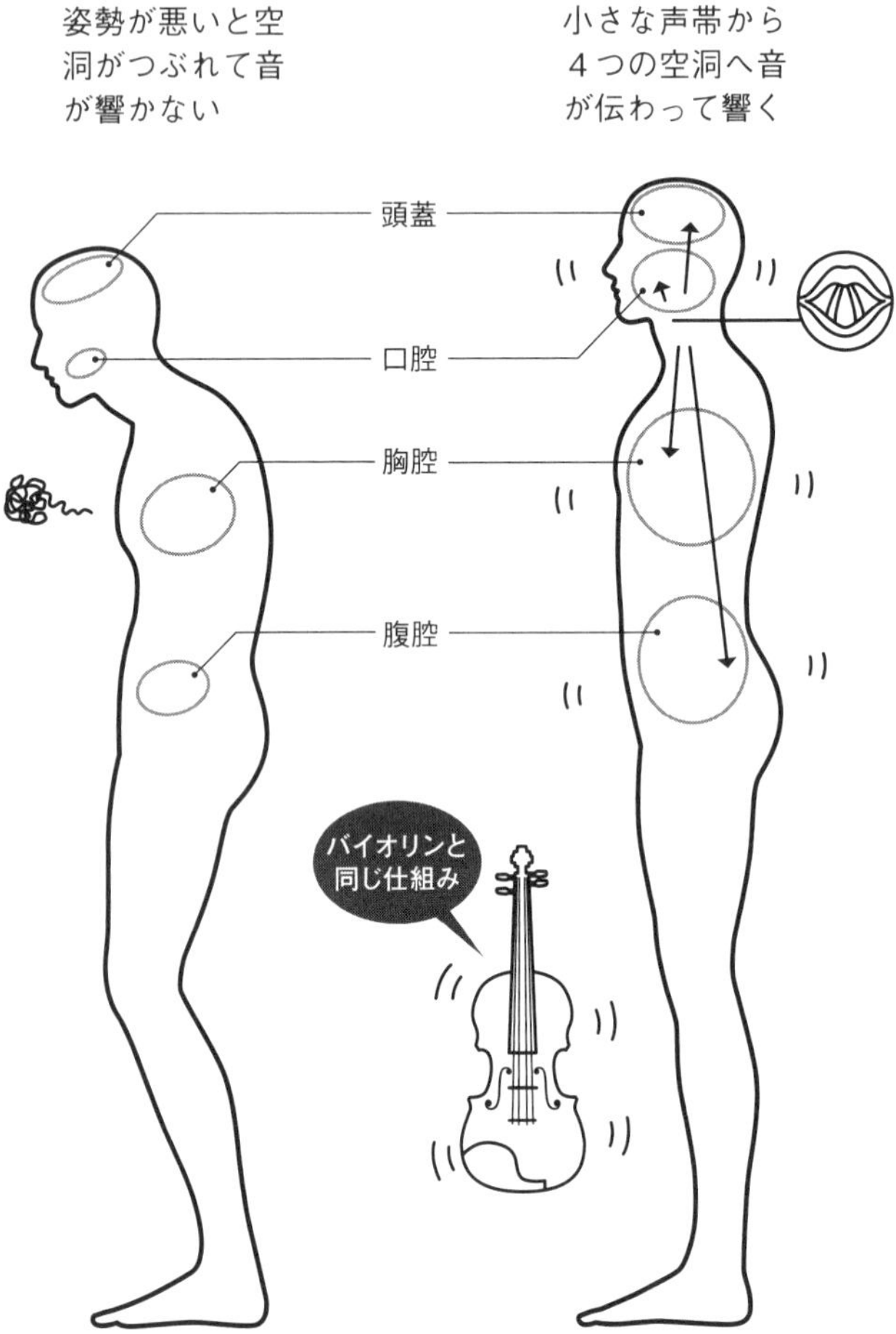

姿勢が悪いと空
洞がつぶれて音
が響かない
小さな声帯から
４つの空洞へ音
が伝わって響く
頭蓋
口腔
胸腔
腹腔
バイオリンと
同じ仕組み

人は、「響いている音」は好きなのですが「鳴っている音」は非常に不快に感じ取ります。例えばサイレンの音は「鳴っている音」ですので、非常に不快に感じます。鳴らして不快に感じてもらうことによって緊急性を表しているのです。

音を響かせるための空洞を理想的な形に保つのが、前述した「ゆるんだ姿勢」。空洞が大きく保たれたまま、一本の正中線上に頭、喉、胸、おなかが連なり、声帯と全ての空洞が直線状にきれいにつながっている状態です。

この姿勢で声を発すると、大きい声を出してもきれいに響くためにうるさく聞こえません。声量のある歌手の声をどんなに近くで聴いても心地よく感じるのは、そのためです。

また、空洞にうまく響かせた声は、小さくても聞く人の耳元までしっかり届き、聞き取りやすくなるのも特徴です。

よく訓練された舞台俳優の声は、ささやくようなセリフでも劇場の最後部の座席に座るお客さんの耳元にまでしっかり届くものです。

僕の所へいらっしゃる方の中にも、「声が小さいことが悩み」という方は多いのですが、大きい声を出そうと、無理に声を張る必要はありません。

体の空洞の位置を整えて、気持ちよく声を出すようにすれば、勝手に声は広がり響くようになります。しかも、無理やり出した大きな声と違って、相手にとっても自分にとっても、気持ちの良い美しく響く音として耳に届くようになります。

以上のように、良い声のための最重要要素は、姿勢。その他にも欠かせない要素があるので、ここでまとめておきましょう。

僕が考える良い声を出すための4要素は次の通りです。

①良い姿勢
②良い呼吸
③良い筋肉
④前向きな心

「良い姿勢」についてはすでにお伝えしましたが、これが日常になると、③の「良い筋肉」を養うことにもつながります。

「良い姿勢」を日常にすると声も良くなる

良い声を出すための姿勢を保持するには、その姿勢を日常にすることです。常にその姿勢をつくることで、良い声を出すために必要な筋肉が自然と付くようになってきます。

チーターやライオンが狩りをするために、もしくは渡り鳥が長距離を飛ぶために、ジムで筋トレはしませんね。同じように、人間もデフォルトの姿勢を良い形で保って、しっかりと歩いていれば、特別な筋トレは必要ないのです。

僕自身、ジムで筋トレをしたり、ランニングをしたりする習慣はありません。それでも体形も姿勢も声もちゃんと整っています。良い姿勢を保つことが日常になっているからです。

ただ、便利な生活が当たり前の現代では、極端に運動量が少なくなったために、人間が動物というよりも植物に近くなってしまっていることは事実です。特別に厳しいトレーニングは必要ありませんが、必要な筋肉を維持するために、日常の中でなるべく立ったり歩いたりすることぐらいは、意識すべきでしょう。

僕も仕事で移動するついでに、少なくても一日に30分、時間があるときは1時間、時にはそれ以上歩くようにしています。もちろん、良い姿勢を保ちながらです。

ジムと違って、運動後の着替えやシャワーも必要ないので、時間と労力、金銭的な負担もありません。疲労度も低いので、ウォーキングの後に仕事をすることも負担になりませんから忙しいビジネスパーソンにとっては一石二鳥でしょう。

呼吸筋を鍛えるとエネルギーが高まる

次に、良い声の要素の二つ目、良い呼吸についてお話ししましょう。

呼吸をするための「呼吸筋」を鍛えることも、良い声を出すための筋トレといえます。

呼吸筋を鍛えることで呼吸が深くなり、それが良い声を出すことにつながります。

なぜ深い呼吸が良い声につながるのか？

それを知るために、まず、息を止めたまま声を出そうとしてみてください。

——いかがでしょうか？　声はまったく出なかったと思います。

なぜなら、**吐いた息が声帯を振動させることで、発声するから。**息を吐くことで音が鳴る、管楽器と同じ仕組みです。

そのため、呼吸が浅かったり弱々しかったりすると、ス――――ッとかすれてうまく鳴らないトランペットのような、声量のない情けない声になってしまうのです。

呼吸が浅い、弱いということは、吐く息の圧が弱いということなので、先ほどお話しした空洞へ声を届けて響かせるということも十分にできなくなります。

そのため、良い声を出すために良い姿勢をつくっても声がうまく響かないという方は、呼吸が浅い可能性が高いといえます。

そもそも、現代人は呼吸が浅くなっている人がほとんどというのが、僕の実感です。

そのわけは、デスクワークにあると考えています。

内臓や血管などは、意識しなくても勝手に動くように自律神経が支配している「不随意筋」で動いています。それに対して、呼吸筋は体を動かす筋肉と同様、自分の意思で動く「随意筋」です。そのため、自分の意思で呼吸を止めたり、深呼吸をしたりすることも可能ですね。ところが、睡眠中など意識を失っても呼吸が続くように、不随意筋の性質もあるのが呼吸筋の面白いところ。そのため、自律神経の支配も受けているのです。

自律神経はよく知られているように、ストレスの影響を強く受けてしまうという性質があります。そのため、リラックスをしているときの呼吸は深くなりますが、緊張状態のときの呼吸は浅くなってしまうのです。

肉体的にも精神的にも、ストレスを受けているときはもれなく呼吸が浅くなりますが、パソコンやスマホを操作しているときは、特にその傾向が強いようです。

なぜなら、緊張しているのに加え、人には「近くを見ると喉が絞まる」という特徴があるからです。喉が絞まれば、どうしても呼吸は浅くなります。

それがよく分かる実験を一つやってみましょう。

まず、手のひらを目の前にもってきてその手のひらを見ながら、深呼吸をしてみてください。次に、遠くに目線を移して遠くを見ながら同じように深呼吸をします。

――いかがでしょうか？　遠くを見ながら深呼吸をしたときの方が、ずっと楽に、深く呼吸ができたと思います。

海や山へ行き、遠く広がる景色を眺めると、自然と深呼吸をしたくなりますが、それと同じことです。人間は、自分の周りの空間が開けており目線が遠くまで伸びる方が、呼吸はより楽に、深くなるようにできています。

そのため、視界の狭いオフィスでパソコン作業をすることが多い現代人は、どうしても呼吸が浅くなりやすいのです。

声は、エネルギー量を示す表現の一つと前述しました。浅い呼吸はすなわち、「エネルギーの低い人」という印象を周りに与えてしまうのです。

「息（いき）」は、「生きる（いき・る）」の語源とも言われますが、その言葉通り、呼吸は生命と直結している全ての生き物の営みであり、生命を生み出す装置です。

そして、単に酸素を取り込んで二酸化炭素を吐き出すという生化学的な面だけではありません。東洋医学では、空気は「気」であり、呼吸をすることはつまり、エネルギーを取り込む営みでもあると考えられています。

「エネルギーは高い所から低い所へ流れる」と前述しました。つまり、呼吸が深く、より安定している人ほどエネルギーが高くなるので、その場を支配しやすくなるということです。声をより良く響かせるため、エネルギーを呼吸でよりたくさん取り込むために、呼吸を深くするトレーニングもぜひ行ってください。

僕がおすすめしている呼吸トレーニング法は、次の二つです。

［呼吸のワーク❶］波の呼吸法

呼吸は「吐く」「吸う」という二つの単純作業の繰り返し。深い呼吸をするためにまず意識すべきは、しっかり吐くことです。肺の中の古い空気をしっかり吐き切れないと、新しい空気をたくさん吸うことができません。まずは息をしっかりと吐いてみましょう。苦しくなるまで無理に吐き出すことはせず気持ちいい範囲で吐くのがこつです。吸うことは意識しなくても大丈夫です。動物は、息を吐けば、あとは放っておいても自然と空気が肺に入るようにできています。

この息を気持ちよく吐いて、呼吸が深く安定するようになるのが、次に紹介する「波の呼吸法」です。

[波の呼吸法]

1

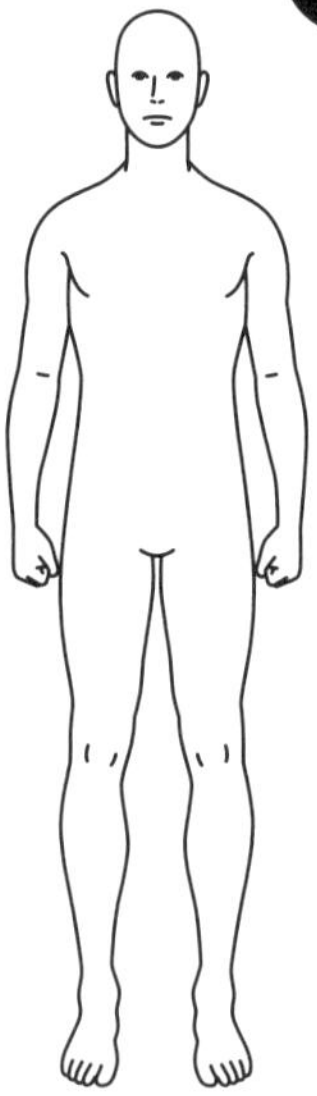

エネルギーを高めるための基本の姿勢で立つ。
上半身がリラックスした「ゆるんだ姿勢」を取ることで、余分な力が抜け、より多くの空気を取り込めるようになる。呼吸が深くなるように、目線はできるだけ遠くを見て視野を広くする。

2

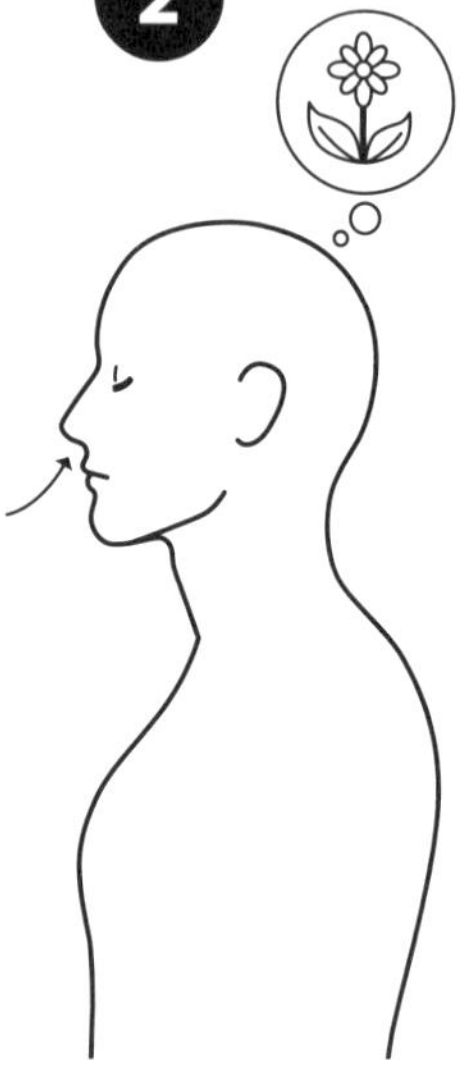

花の良い香りを嗅ぐイメージで、鼻から息を吸い込む。りきまず自然に肺が満たされる。

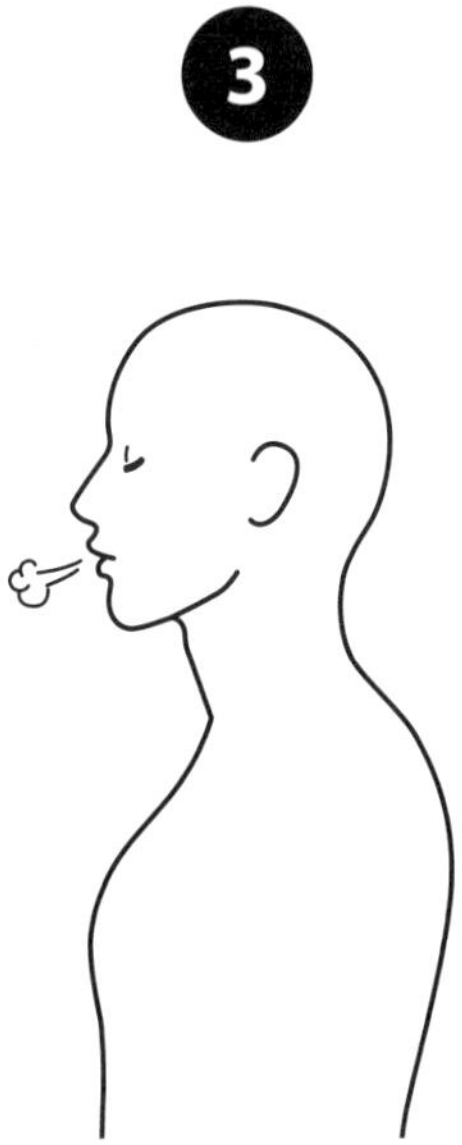

気持ちよく吸い込んだら少し落ち着けるような気持ちで呼吸を止め、苦しくなる手前で口から細く、長く息を吐く。
なるべく時間をかけてゆっくり細い息で、気持ちよく吐き出す。

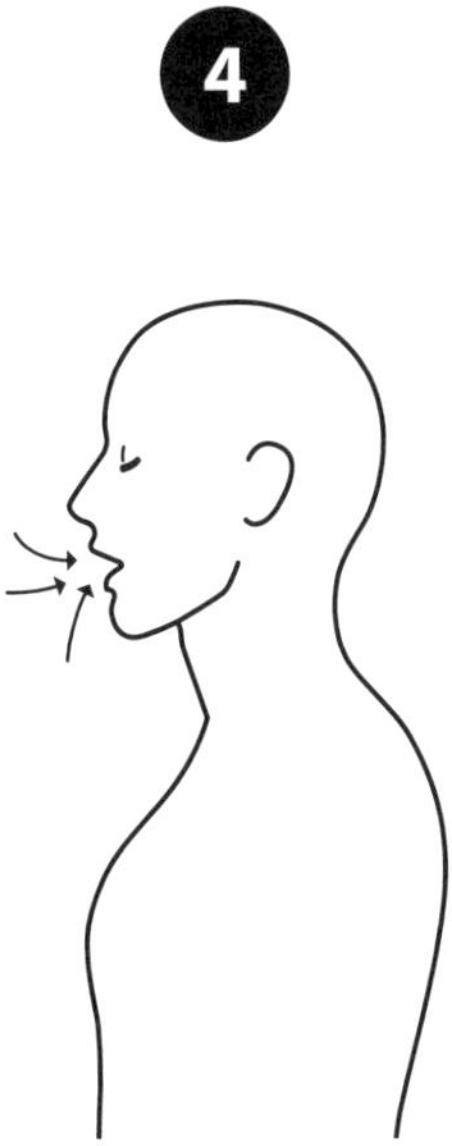

息を吐いたら、力を抜いて自然と空気が戻ってくるように吸う。
息を吸い込みにいくというよりは、吐いた後に体の力を抜き、自然と息が戻ってくるような感覚でOK。息が落ち着いたら、またそこでしばしリラックスする。

吐くときは寄せる波、吸うときは返す波。寄せては返す波のようなイメージで②〜④を気持ちよく繰り返しましょう。浜辺など広く気持ちの良い場所にいるイメージで、ゆったりと行いましょう。

呼吸が深くなって声が響きやすくなる他、自律神経が整うので精神的なリラックス効果も得られます。呼吸が浅くなりがちなデスクワークの合間や、緊張を解いて落ち着きたいときにもおすすめです。

そして、波というのはエネルギー運動ですから、呼気と吸気を波のように扱うことにより気を練り、自分のエネルギーを上げていくこともできるのが波の呼吸法です。

［呼吸のワーク❷］火の呼吸法

細く長く口から吐く波の呼吸に対して、短くリズミカルに鼻から吐くのが「火の呼吸法」です。ヨガでもよく行われている呼吸法ですから、ご存じの方も多いのではないでしょうか。火の呼吸法は、鼻の通りを良くして声をクリアにすることで、声の輪郭がはっきりとして声が聞き取りやすくなる効果があります。「よく言葉を聞き返される」などの悩みがある方には特におすすめです。

[火の呼吸法]

1

数回軽く足踏みをしてから

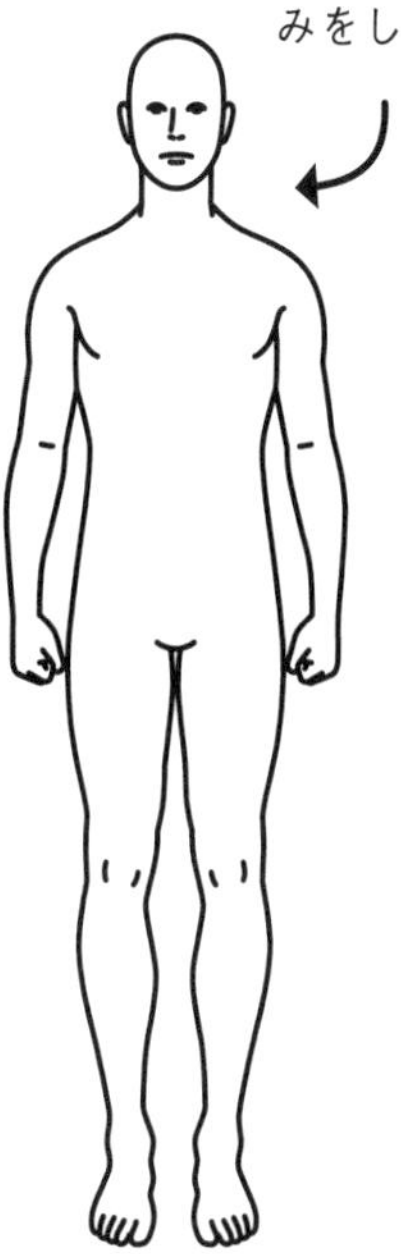

基本姿勢で立ち、遠くを見て視野を開く。

2

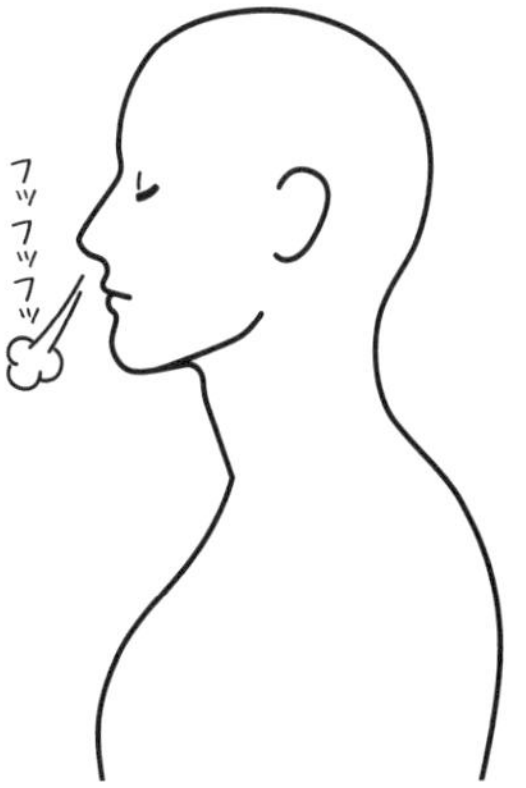

口を閉じ、鼻から「フッフッフッフッフッフッ」とリズミカルに息を吐く。30秒間、テンポよくリズミカルに鼻から息を吐く。吐けば自然に空気が入ってくるので、吸うことは意識しなくてもOK。息を吸おうとし過ぎると過呼吸のようになってしまうので注意する。

呼吸筋は筋肉ですから、使えば使うほど機能が高まります。毎日、繰り返し行うことをおすすめします。

また、名前の通り「体を燃やす」効果があるため、代謝を高めることからダイエットにもつながります。そうお伝えすると、特に美意識の高い女性は一生懸命に練習をしてくれます。

とはいえ、わざわざ時間を割く必要はありません。テレビを見ながらでも、歩きながらでも行うことは可能です。

酸素をしっかり取り込むことができるので、頭もすっきりしますから、朝の出勤前、もしくは出勤しながらでも行うとよいでしょう。

最後に、良い声を出すための要素の4つ目、「前向きな心」についてお伝えしましょう。

声は「熱やエネルギーを伝える道具」だと前述しました。

人は、会話をしながら発せられた言葉の意味の他にも、声の調子や姿勢、顔の表情やしぐさなどからたくさんの情報をキャッチしています。言葉の意味以上に、そちらから受け取る情報の方が多いことさえあります。

特に、声にはあからさまに感情が乗るもの。厳しいトレーニングを積んだ俳優や、一流の詐欺師でもない限り、今抱いている感情を完全に隠して話すことは難しいでしょう。

人間の脳は「声は感情を表す装置」として認識しています。

そのため、その声を耳にする方も「感情を伝えるためのメディア（声）から情報が発せられた」と脳が構えているため、全力で声から感情を読み取ろうとしてきます。

それは、先にもお伝えした通り、動物としての人間の本能です。

不安や動揺という感情が乗った声で相手に表現すると、事の真実にかかわらず「あれ？　なんかおかしいな」「なんだか怪しいぞ」と思われてしまいます。

自分に届いてきた声は温かいのか、冷たいのか、激しいのか、穏やかなのか——人が声から感情を受け止めるセンサーは、非常に敏感で正確です。

明るく前向きな気持ちなのか、暗くて後ろ向きな気持ちなのか。機嫌がいいのか、悪いのか。喜んでいるのか、嫌がっているのか。それは、声にはっきりと表れて、聞く人へダイレクトに届きます。

そのことに、多くの人が大変無防備だと僕は常日頃感じています。そのことについて一切意識せず声を出しているので、感情がだだ漏れなのです。

そして、当然ですが人はマイナスよりもプラスの感情を受け止めたときの方が、圧倒的に気持ちよく感じます。

「もっともっと気持ちよくなりたい」というのが人の本能ですから、より気持ちよくしてくれる、明るくて前向きな感情が乗った声を強く求め、聞きたいと欲します。逆に、不機嫌でイライラとした感情が乗った声には、耳をふさぎ、なるべく遠ざかりたいと思います。

人の感情を動かす上で、暗い声よりも、相手を気持ちよくさせる明るい声は、圧倒的に有利ということです。

時に、例外もあります。

例えば、昭和の大政治家、田中角栄さんはいつも強烈なダミ声でしたね。しかし、もうお分かりのように、強烈な個性と圧倒的なエネルギーがあったからこそ、彼が話し始めると、その場にいる人は皆、耳を傾けずにはいられなかったのです。

つまり、綺羅星のような大スターだったのです。

一般の方がまねをするのはほぼ無理というもの。だったら、誰もができるテクニックとして「良い姿勢で深く呼吸しながら、明るく気持ちいい！　と思いながら声を出す」のが正解です。

淡々と平たんに話しても、誰の感情も動かすことはできません。

僕はこれからスターになるタレントを指導しているときに、盛んに「まず、愛される声をつくりなさい」と言います。それほど声の影響力は絶大なのです。

声の表現力を磨く最強トレーニング法

声を美しく響かせる姿勢、呼吸の鍛え方の次は、具体的に何を声に出し、どのように表現力を付けていくのか。そのためのトレーニング法へと話を進めていきましょう。

相手の心を動かすために明るくて気持ちの良い声を出す、と言われても、どうすればよいのか戸惑うことと思います。

いきなり会話の中で実践してみても、不自然になり、相手には心地悪く聞こえてしまいます。時にはうそっぽく聞こえ、かえってマイナスの印象になってしまうこともあります。

トレーニングをしていない経験不足の俳優の演技は、見ていて居心地が悪いものです。

そうならないためにはやはり、日々のトレーニングが必要です。いろいろ具体的な方法をこれからお伝えしていきますが、最初の一歩としては「大きい声を出す」ということだけを意識してください。

え、それだけ？　と思われるかもしれませんが、まずはそれができれば十分です。

「声は生命力を表すもの」とこれまでに何度もお伝えしてきました。

大きな声は「わたしは高いエネルギーを持っています」と、聞く人へ分かりやすく伝える表現になりますから、とにかく大きい声を出す練習をしてください。

エネルギーは高い方から低い方へと流れますから、相手に影響を与えるために、相手の感情を動かすために、相手よりも大きい声を出すことは一番手っ取り早い方法といえます。

だからといって、悪い姿勢のまま声帯だけを無理に絞って大きな声を出すと、聞く人にとっては不快な雑音となってしまいますから、62ページでお伝えした姿勢をしっかり取って、体の空洞に響かせた心地よい声を出しましょう。

ここで何を発声するか？　ですが、好きな小説でも詩でもなんでも構わないのですが、**ボイストレーナーとして一押しなのは、以下に紹介する「外郎売《ういろううり》」です。**

これは、歌舞伎の演目の中で披露される外郎を売る商人のセリフで、滑舌の練習のために広く使われているものです。俳優や歌手、アナウンサーなどあらゆる生徒さんへ、最適の教材として実践してもらっています。

その一部を取り上げてみますので、少しだけ雰囲気を楽しんでみてください。

外郎売

拙者親方《せっしゃおやかた》と申《もう》すは、お立合《たちあい》の中《うち》に、ご存知のお方もござりましょうが、お江戸を発って二十里上方《かみがた》、相州《そうしゅう》小田原一色町《いっしきまち》をお過ぎなされて、青物町《あおものちょう》を登《のぼ》りへお出でなさるれば、欄干橋虎屋藤衛門《らんかんばしとらやとうえもん》、只今は剃髪《ていはつ》致して円斉《えんさい》となのりまする。

元朝《がんちょう》より大晦日《おおつもごり》までお手に入れまする此《こ》の薬は、昔、ちんの国の唐人《とうじん》、外郎《ういろう》という人、わが朝《ちょう》へ来《き》たり、帝《みかど》へ参内《さんだい》の折から此の薬を深く籠《こ》め置き、用ゆる時は一粒《いちりゅう》ずつ冠《かんむり》のすき間より取り出《いだ》す。依《よ》ってその名を帝《みかど》より「透頂香《とうちんこう》」と賜《たまわ》る。


いかがでしょうか。聞き慣れない言葉がたくさんあるので、最初は少し読みづらさを感じるかもしれません。

外郎を売る商人が、道行く人の関心を引くための工夫を凝らした口上ですから、明るく気持ちよく発声してみましょう。その時代の人になりきって演じてみてくださいね。

全文を読む必要はありません。長く続けることが大切ですから、ここで取り上げた程度、それでも大変な方は最初の３行だけでもよいので、毎日続けていくと声は驚くほど変化していきます。

そして、読むときには次のポイントをしっかり押さえて行ってください。

①62ページで紹介した、声が体の空洞に響く姿勢を取り、視野を開く

②明るい気持ちで、心から気持ちいいと思って

③大きな声で（自分が気持ちいいと感じる範囲で）

④ゆっくり、はっきりと（決して早口言葉にしない。大きな声が出せない環境の場合ゆっくり、はっきり発声すればＯＫ）

⑤毎日、数行でよいので読む

なぜこの「外郎売」が声のトレーニングに効果的なのかというと、滑舌が良くなることもそうですが、何よりも声に深みが出るからです。

もともと、日本人は深みのある良い声質だったといわれています。ところが、現代では抑揚に乏しい標準語が日本全国で広く使われるようになったことから、発音に深

みがなくなってきました。

例えば、地方から上京してきた人が、東京の人が話すのを聞いて「なんだか東京の人は冷たいなあ」といった印象を持つことが非常に多いようです。

それは、各地の方言と比べると、標準語の抑揚が乏しいためです。発音が平たんなために、感情も起伏がないように感じて、冷たい印象を受けてしまうのです。

対して、歌舞伎役者はそうじて声に深みがあり、話し始めると人を強く引き込むような魅力を放つ人が多いのですが、これは、日常的に「外郎売」のような昔言葉を話すトレーニングをしているからです。抑揚がしっかりついた深みのあるいい声をしているので、歌舞伎役者はナレーションやＣＭの仕事も多いですよね。

「声に魅力がある」ということは、それほど商品価値が高くなるということです。

試しに、自分が歌舞伎役者になった気分で、「外郎売」を読み上げてみてください。いつもの話し言葉よりも、ずっと抑揚のある深い声が出てくるはずです。イメージできない人は、時代劇を見ることをおすすめします。現代語とはまったく違う言い回しなので、「外郎売」のいいイメージトレーニングになるでしょう。

最初は不自然になると思いますが、毎日行うと、それがデフォルトの声になります。深みのある、魅力的な声が、あなたの地声になります。

ただし、標準語のような平滑な調子で読んでも効果はありません。抑揚をしっかり付けた読み方で練習をしてください。実際、その方が自分自身、気持ちよく声が出せると思います。先にもお伝えした通り、良い声の影響は誰よりも自分自身が大きく受けるからです。

大きな気持ちよい声を出すことは、自身のエネルギーを高くするトレーニングでもあります。表情も明るく、気持ちよく声を出してください。しかめっ面で読み上げると喉が閉まってしまいます。

このトレーニングで、必ずあなたの声は良くなります。

これまで、僕が指導した俳優、歌手、アナウンサー、ビジネスパーソンの中で、この「外郎売」のトレーニングを始めてから声が変わらなかった人はいません。

全員、声に深みが増して滑舌も非常に良くなりました。

毎日「外郎売」を大きな声で読み、負荷をかけることで喉や呼吸筋はどんどん鍛えられ、その機能を高めることができます。

鍛えられてくると「大きな声を出そう」と意識しなくても、自然とデフォルトの声が大きくなり、深くなり、抑揚が付くようになります。

試しに、最初に「外郎売」を読んだ声をスマホで録音しておくことをおすすめします。

その日から毎日読み上げるトレーニングを行い、1週間後、2週間後、そしてひと月後の声を比べてみてください。きっと、その違いに驚くことになります。

エネルギーワーク

大きな声で「外郎売」を日々読み上げることは、声だけでなく自身のエネルギーを高めることにも直結するということは、ここまで読み進めていただいた方にはすでにお分かりのことと思います。

そして、人はエネルギーを与えてくれる人が大好きですから、エネルギーの高い人に強く引き付けられるということもすでにお伝えしました。

エネルギーの高さは、人の感情を動かす上でマストです。トレーニングをすればするほど、人へ影響を与えられる自分になれるのですから、やらないという選択はあり得ません。

どんどんトレーニングを積んで高いエネルギーの持ち主になっていただくために、「外郎売」の他にも、効果のあるエネルギーワークをご紹介しましょう。

エネルギーワーク【天のカーテンを開く】

「スターは光って見える」という言葉を耳にしたことがあると思います。

実はこれは、比喩ではありません。実際に、本物のスターに会うと本当に輝いて、光って見えます。そのため、人がごった返しているようなパーティ会場の中で大勢の人に囲まれていても、スターがどこにいるのかすぐに分かるほど、はっきりと光っています。サングラスをして道を歩いていても、光っているからすぐに人の目に留まり、目立ってしまうのですぐにその存在が知られてしまいます。


では、スターが光って見えるのは、なぜなのでしょうか？

それは、天から注ぐ光を浴びているからです。どこで何をしていても、まるで舞台の上でスポットライトを浴びているように、光がスターに向けられているため、その光を反射してキラキラと光って見えるのです。

自分がスターのように光り輝くようになるなんて、イメージできないでしょうか。

当然ながら、いきなりキラキラと光り出すということは難しいと思います。

しかし「自分には天から光が差していてその光を自分が跳ね返してキラキラしている」とイメージすることはできると思います。そう気持ちよく感じるだけで、その人の姿勢、声、エネルギーは変化をするため、周りに与える印象も劇的に変わります。

例えば、次のようなイメージと動作を実践してみてください。

①自分の頭の上にカーテンがあると想像し、両手でそのカーテンを開ける動作をする
②カーテンを開くと、自分の頭上に空が高く澄み渡っていると想像する
③高い空からはキラキラとした光が自分に注ぎ、それを跳ね返して自分が光り輝いていると想像する

わざわざカーテンを開く動作をするのは、体を操作することで本当に頭上のカーテンが開き「空間に気持ちよい広がりができた」そして「光が差し込んできた」と脳を働かせるためです。

先にお伝えした通り、心を操作することは難しいので、体からアプローチするのです。

自分に光が当たって頭上に気持ちよく広がっている。

そう脳に感じさせることで何が起こるのかというと、一つは自己イメージが高くなることで周囲が受け取るイメージが良くなるということ。もう一つは空間の広がりを感じることから、声が響きやすくなるということです。

「天からの光を受けて自分はキラキラと輝いている」というイメージを持つと、当然ながら顔が上向いて目線は自然と高くなり、表情も明るくなります。心もポジティブになるので立ち居振る舞いが生き生きとしてくるため、高いエネルギーを放つようになります。

また、**天井の高い所では声がよく響くものですが、実は、高い空間をイメージするだけでも声は響くようになります。**実際には天井の低い狭い室内にいても「自分の頭上は高く広がっている」というイメージを持つだけで、声はガラリと変わります。

実際に、担当するアーティストのレコーディングのとき、どうも今日は声が響いてないな、と感じたら、僕は「ちょっと天のカーテンを開けてみて」と声を掛けています。すると声が別人のように変わって、響き出すことは珍しくありません。それほど人のイメージ力は、声に影響するのです。

また、駆け出しの俳優や新人アナウンサーを指導するときにも「天のカーテンを開けてからカメラの前に立つように」とアドバイスしています。自信がない状態のままカメラの前に立つと、どうしても萎縮して声がこもってしまったり、目線が落ちて暗い印象になってしまいがちです。しかし、この動作を行うことで、体から心へとアプローチして「輝いている自分」へスイッチすることができます。

光をまとうイメージを持つことで、声や表情が明るく伸びやかになり、自信を持ってパフォーマンスをすることができるようになります。

先に、声には感情があからさまに乗る、というお話をしました。

つまり、**何をイメージして声を出すのかによって、自分自身の感情も大きく変わる**

ため、声も当然ながら影響を受けて、その音色が声に乗り、周囲へ与える印象を自在に変えていくことができるのです。

頭上が高く広がっていて、キラキラと輝いた光が自分を照らしている――なんて気持ちがいいんだろう！

そうイメージするのと、

頭上には重くて硬い巨大な岩がのしかかっていて、周りは真っ暗な狭い空間にいる――息苦しくて不快だ……。

（少し極端に感じるかもしれませんが、役者が演じるとき、またはプレゼンでいったん不安を感じてほしいときは、このようにしてあえてネガティブに

声を変えることもあります）

こうイメージしているのでは、同じ人でも姿勢や声、エネルギーのありようが別人のように変わります。

人前に立ってあいさつをする、クライアントの前でプレゼンをする、重要な取引がある前には「自分の勢いを姿する」姿勢をとり、天地をつなぐ一本の線が自分を貫いているイメージをして、さっと両手を大きく動かして、天のカーテンをサーッと開いてください。

そして、光をいっぱいに浴びて自分を発光させてから人前に立ち、声を出す——すると、エネルギーの高いパフォーマンスができるはずです。

はひどく緊張しています。しかし僕がその様子を見て、「いい緊張がきていますね」と声を掛けると、本番では最高の歌声を堂々と披露することができています。これも、緊張というエネルギーが働いているからこそです。

逆にいえば、**緊張感を感じられない人は表現者として成功できません。**

日常のシーンでは決して得られない緊張感が、能力をブーストすることで日常よりもずっと高くしてくれるのです。

多くの場合、緊張を感じてきたときには「緊張するな……緊張しないでくれ！」と思うでしょう。まずはこれをやめてみてください。緊張をネガティブに捉えていると、緊張というエネルギーはあなたを飲み込み、心と体を硬くして、パフォーマンスを阻害してしまいます。

最初は難しいですが**「緊張は自分のパフォーマンスをアップするエネルギーである」「緊張はコントロールすることができる」と認識を新たにしていってください。**

僕は生徒さんたちへ、緊張を感じたら「よし、いいぞ、エネルギーが湧いてきた」と受け止めてください、と伝えています。

「この緊張があるから、成功できる。力が発揮できるぞ」とまず意識すること。そうすることによって、徐々に**緊張することを恐れず、不安がらず、ポジティブなエネルギーとして受け止めることができるようになっていくと思います。**

その先にはトップアーティストのように緊張を自由にコントロールできる世界が広がっています。いつか皆さんに緊張を自由にコントロールする技術のお話もお伝えできたらと思っています。

「緊張」は、成功に必要なエネルギー

「人前に立つと、どうしてもうまく話せない……」

こうした相談を受けることはとても多く、プレゼンテーションに対する苦手意識を持つ人のほとんどは、こうした悩みを抱えているようです。そのため、緊張をなくす方法を皆さん尋ねてくるのですが、「大切なのは緊張をなくすことではありません」と僕は都度、お伝えしています。

そもそも、**「緊張」とは、自らの内側から生まれる一つのエネルギーです。あらゆる表現をするために欠かせないもので、なくてはならないものですから、決してなくそうとしてはならないのです。緊張はパフォーマンスをアップさせるためのエネルギーとして利用すべきものです。**

アスリートが最高のパフォーマンスを発揮するのは、いつも本番の試合です。世界新記録の誕生は、いつも世界レベルの大会やオリンピックの舞台で起こります。練習のときに世界新記録がたまたま出てしまった、という話は耳にしません。

また、音楽の世界でも、リハーサルで10回やってもうまくいかなかったのに本番で最高のプレイができた、といったことがよく起こります。リハーサルのときに歴史的な名演が起こったなどということは、長年音楽業界にいる僕でも聞いたことがありません。

僕が担当しているあるアーティストは、日本武道館などの大舞台を何度も経験しているにもかかわらず、現在でもパフォーマンス前

第2章

感情をリードする

プレゼン能力の有無で人生は変わる

第1章では、人の感情を動かすための大前提として、「姿勢」と「声」と「高いエネルギー」を獲得するためのメソッドをお伝えしました。本章では、さらにもう一歩踏み込んでいきます。

姿勢と声と高いエネルギーを使って、「どうやって人の感情を動かしていくのか？」についてお話ししていきましょう。

そして、これからそれを説明していく上で、分かりやすいフレームとして「プレゼンテーション」という言葉を使っていきます。

プレゼンは、ビジネスで売り込みたい物やテーマを、目の前の聴衆に対して資料やスライドを駆使して説明するパフォーマンスです。ビジネスパーソンにとってはおなじみのタスクの一つでしょう。

なぜこのプレゼンを「感情を動かす技術」のフレームにするのかというと、ビジネスに限らず、人生のあらゆるシーンにおいて、プレゼン能力のあるなしが結果へ大きく影響するからです。

会社の入社試験では、自分の能力がいかに会社にとっての利益になるのかをプレゼンします。

恋人へのプロポーズは、自分の愛情の深さ、相手を大事に思う気持ちを分かりやすく伝え、生涯を共にしてもよいと思ってもらうためのプレゼンです。

こうした人生のターニングポイントで行うプレゼン以外にも、もっとカジュアルなプレゼンの場は毎日の生活の中で幾度となく発生します。

初めて訪れたレストランで、常連並みの良いサービスが自然と受けられるように

「今後大事なお客さんになりそうだ」とスタッフに思わせるのもプレゼンだし、新しいパソコンに買い替えたいとき、慎重派の奥さんに「それはどうしても必要だね」と言ってもらえるようにするための話し合いもプレゼンです。

また、自分が苦手な仕事を同僚に助けてもらいたいとき、気持ちよく自ら手伝いをかって出てくれるように働き掛けるのも、一つのプレゼンです。

つまり、僕が考えるプレゼンとは次の5つのステップを踏まえた、自分の目標を達成するための一連のパフォーマンスなのです。

プレゼンの５つのステップ

STEP1 ターゲットを定める
STEP2 自分が望む相手への感情のゴールを設定する
STEP3 感情のゴールへ向かわせるための表現をする
STEP4 感情のゴールへターゲットを導く
STEP5 ターゲットに自ら行動させる

例えば、ある商品を売り込むためにプレゼンをする場合、「商品を買う」という行動を起こさせるためには、「この商品が欲しい」という〝感情のゴール〟に、まずは導かなければいけません。

行動が先ではありません。感情が先です。

感情が行動の引き金になるのです。

僕はスターを育てるカリスマメイカー、歌手を指導するボーカルディレクターの他に、ビジネスパーソンへプレゼンを指導する講師としての顔も持っています。

多くの方は、なぜ、芸能界の人間がビジネスパーソンにプレゼンを指導しているのか？ と、そんな僕の経歴を不思議に思うようですが、ここでその答えが出てくるわけです。その答えは、「プレゼンを成功させるには〝感情のゴール〟へターゲットを導くための表現力が絶対に必要だから」です。

僕はプレゼンのための分かりやすい資料やスライドの作り方、パワーポイントの使い方、商品コピーの作り方は教えません。

教えているのは、感情を動かすために必要な表現力です。

どんな姿勢で、どんな声で、いかにエネルギーを高く保って、人前でパフォーマンスをするか。人の感情をいかにして自分が望むゴールへ導くのか。それを教えています。


どんなに素晴らしい資料を作っても、説明する人に素晴らしさを伝える表現力がなければ感情は動きません。

聴衆の感情を狙ったゴールへ導く――一般の方にとっては難しいと感じるかもしれませんが、実は、舞台芸術を学んだ人間であれば造作もないことです。なぜなら、舞台は観客の感情を動かすために存在するからです。役者や歌手は感情を動かすプロフェッショナルなのです。

先ほどお伝えしたプレゼンの５つのステップは、そのまま一つの舞台のタイムラインになります。

舞台のタイムライン5STEP

STEP1 ターゲットを定める ⬇ **舞台の観客**

STEP2 自分が望む相手への感情のゴールを設定する ⬇ **「戦争は悲惨だ、してはいけない」**

STEP3 感情のゴールへ向かわせるための表現をする ⬇ **戦争の苦しみや悲しみを物語の中で演技を駆使してパフォーマンスする**

STEP4 感情のゴールへターゲットを導く ⬇ **観客は役者の苦しみ、悲しみに共感して涙する**

STEP5 ターゲットに自ら行動させる ⬇ **「戦争は絶対にやってはいけない。家族にも伝えよう」「平和が一番だ。社会が平和になることをしよう」**

と、こうなるわけです。

舞台や映画から得られる感動は、偶然発生しているわけではありません。見る側は自分の中で自然発生したものだと思いますが、芸術から得られる感動は例外なく制作側によって最初から設定され、それに合わせて精緻に表現を練り上げているのです。

言ってしまえば、**芸能の感動は全て仕組まれたものです。表現のプロが練り上げた導線によって、計画的に感動を発生させているわけです。**

ところで、最近はあおり運転が連日ニュースで取り上げられ、社会問題化していますね。危険運転の厳罰化もどんどん進められていますが、こうした違反者ドライバーのほとんどが、違反者講習を受けることになります。

違反者講習では、違反者を数十人集めて数時間拘束状態にして道路交通法や運転マナーについての講習を行った後、最後に照明を落とした部屋で交通事故をリアルに描いたドラマ仕立てのビデオが放映されます。

人をひいてしまったドライバーの末路や、被害者の家族の嘆きが生々しく描かれた

[違反者講習ビデオの感情と行動のゴール設定]

感情のゴール

「ドライバーは相手の家族の人生を変えてしまった……。それは絶対に嫌だ。怖い」

⬇

行動のゴール

スピードを落とし、
安全確認をしっかりとしながら運転をする

ドラマは、まともな神経を持つ人なら強いショックを受けるほどよくできています。中にはもらい泣きをする人もいるそうです。

僕はこの講習ビデオこそ、感情と行動のゴールをうまく使ったプレゼンだと思います。講習ビデオの制作者が意図して設定した、感情と行動のゴールは上の図のようなものです。

くっきりと感情と行動の導線がひかれています。違反者講習の翌日に、あおり運転をする人はほぼいないでしょう。交通事故による死者数が１９９０年代から減少し続けているというのも、このリアルな違反者講習ビデオが一助になっていると僕は思います。

感情を動かすことで、警視庁は狙い通りの「安全運転をする」という行動のゴールへ、違反者たちを導いているわけです。

自分が狙った相手に、思った通りの感情へ落とし込むような適切な表現を行い、望む方向へ行動させる。

それが、舞台芸術とプレゼンに共通する目標達成のタイムラインです。

ビジネスやプライベートにおいても、

①特定の対象が最終的にどんな行動を取ってくれれば目標達成なのか
②その行動は相手がどんな感情になれば導けるのか

この２点を明確に設定することが必要です。

リーダーとは「感情をリードする人」

目標達成のタイムラインに従って、個人やチームを導く人が「リーダー」と呼ばれます。会社でいえば、部長や課長といった人の上に立つ方や、経営者の方々です。

リーダーは、感情を動かす技術を有したプレゼンの達人であるべきだと僕は思います。人の感情を思うままに導き、行動というゴールに落とし込ませる能力を持つリーダーが、その会社の業績を飛躍させていくのは間違いないでしょう。

英語でリーダーとは「leader」とスペリングされます。「lead は導く」、「-er は人」、という意味です。では、リーダーとは何を導くのでしょうか？　それは「感情」を導くのです。感情を導くことによって、リーダーの狙った行動へと、相手に自ら行動してもらう。

リーダーを「感情を導く人」と捉えることによって、相手は意図する行動へとスムーズに導かれ、集団の能力や生産性は劇的に向上していきます。

強烈なカリスマ性と磨き上げられた表現力で人の感情を巧みに動かし、狙った通りの行動へと導くことができるリーダー、スティーブ・ジョブズによって、アップルは驚異的なスピードで業績を伸ばし、彼亡き後も平成30年には世界時価総額ランキング3位のモンスター企業になりました。

優秀なリーダーになりたいと望むなら、人の感情を動かすプレゼン能力を身に付けることが時代の流れであることは明らかです。

〝いつも上機嫌〟という覚悟

「感情」を持って人を導くのが、リーダーです。

人の感情は、他者の感情に影響されて動かされます。圧倒的に感情を導くことができるリーダーが、チームの力を高め、会社の業績を伸ばす経営者にもなれるのです。

ここを勘違いして、行動を導こうとする人が多いのですが、人は行動を強制されることに抵抗を感じるものですから、当然うまくいきません。特に、現代人はその傾向がどんどん強くなっています。

それに気が付かないと、うまく人を動かすことができずにフラストレーションがたまって、最悪、暴言や暴力などを振りかざすパワハラにつながってしまいます。

リーダーが導くべきは、行動ではなく「感情」です。感情を導けば、人は自然と行動へと導かれます。

　そして、誰かの感情を動かしたいときは、第1章でお伝えしてきた姿勢、声、エネルギーの高さを身に備え、その上で「相手になってほしい感情に自分が先になる」ことが基本原則です。相手をワクワクさせたいとき、自分が先にワクワクすればいいのです。それが、自然と相手に移ります。

［リードするのは行動ではなく、感情］

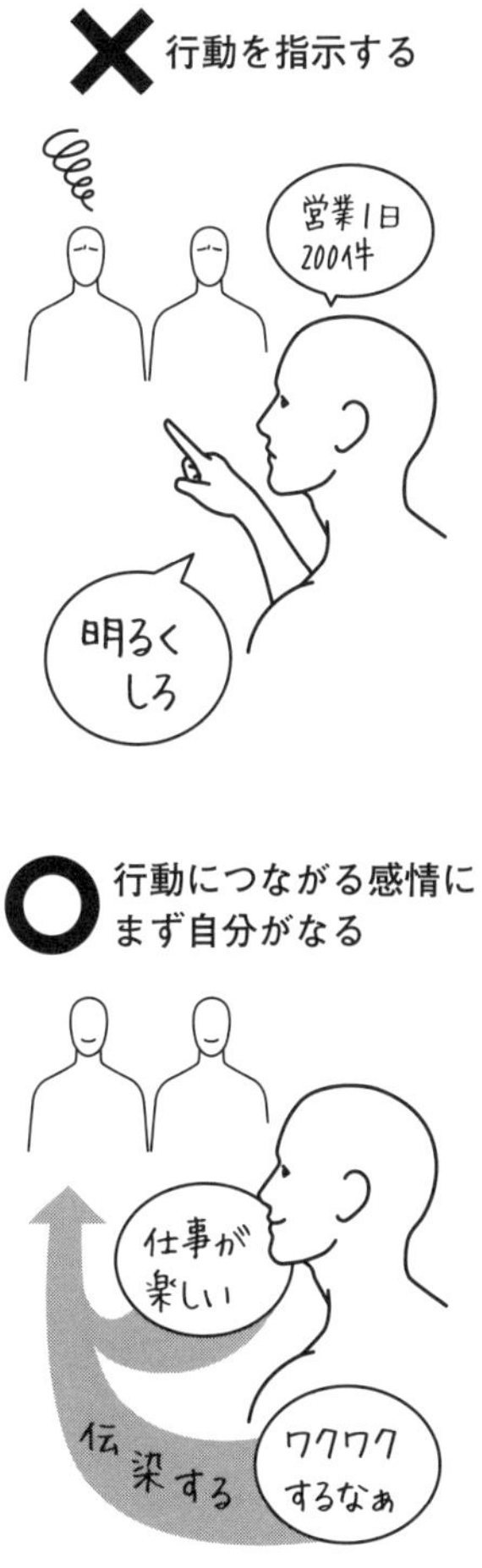

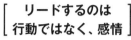

第1章で「エネルギーは高い方から低い方へ流れる」とお伝えしました。感情は一つのエネルギーですから、同じように影響力のある人からその周囲の人へと移ります。例えば、新入社員の機嫌が悪かったとしても、たいして影響はありません。「態度の悪いやつだな」という印象が広まって、当人にとってはマイナスにはなるでしょうが、周囲に大きく不機嫌が移ることはまずないでしょう。

これが、部長や社長といったような上に立つ人の場合は問題です。リーダーの不機嫌は社内全体に影響してしまいますから。リーダーは自分の影響力をよく肝に銘じておくべきです。

もしもあなたがビジネスチームを率いるリーダーだった場合、メンバーになってほしい感情に、あなたがまず先にならなくてはいけません。

明るくてポジティブになってほしいなら、あなたが明るくてポジティブな感情になって、それをしっかり表現するのです。「leader」は感情をリードする人なのです。

第1章でお伝えした姿勢、声、高いエネルギーを養うトレーニングが、ここで本領を発揮します。

例えば、リラックスしながらも背がすっきりと伸びた姿勢、よく響く声で「おはよう！」と明るくあいさつをしながら出社するリーダーは、その場の空気を明るいものに一変させます。

逆に背中を丸めながらしかめっ面で不機嫌そうに出社してくるリーダーの場合……どんな気分になるかは、皆さん、よくご存じなのではないでしょうか。間違っても「よし、頑張ろう！」という感情にはならないでしょう。

リーダーは、相手の導きたい行動に対して、どんな感情になってほしいかを常に考える必要があります。

だとすると、**必然的にたいていのシーンでリーダーは〝いつも上機嫌〟がマナーになります。**

人はいつだって気持ちよくしていたいのです。誰でも気持ちいいほうがいいに決まっていますから、自分に対して不機嫌が流れ込んでくるのは避けたいと思うのがあたりまえです。

リーダーが不機嫌だと、場は最悪な雰囲気になって、悪い緊張感でいっぱいになりますから、当然、そこにいる全員の気持ちが落ち込みます。その場から逃げ出したいとさえ思うでしょう。**そういう職場は離職率まで高くなりがちです。**

感情の訓練ができていない未熟なリーダーの場合、メンバーはその不機嫌に振り回されることになるので、緊張感から萎縮して力を発揮することができず、必然的に結果を出すことができなくなります。

逆に、リーダーがいつも上機嫌だとメンバーにもその明るいエネルギーが流れ込んで、気持ちが上向きます。心も体もリラックスして力を発揮しやすくなり、仕事に対しても自然と前向きになります。チームに好循環が生まれるのです。

〝いつも上機嫌〟は一流のビジネスパーソンに不可欠なスキルです。自分の感情ひとつコントロールできず、未熟な感情でリーダーが場を振り回すとチームが混乱して方向性を失うからです。

人を導く立場の人は、疲れていても、思い通りにならないいら立ちがあっても、プライベートでつらいことがあっても、自分の意志の力で〝いつも上機嫌〟を守る覚悟

を持つべきです。個人的な小さな感情一つコントロールできない人に、他者の感情を動かすことは不可能です。

対象とする相手の行動のゴール設定をどこにするのか。そこへ向かっていくためには、どんな感情に対象を導かなくてはいけないのかを徹底的に考え、導きたい感情にまず自分がなることです。

その場に不必要な感情を持ち込むのは、演技でいえば未熟な役者のすることで、あってはならないことです。もちろんビジネスに不必要な感情を持ち込めば、目標達成率、生産性など、非常に重要なことに大きな傷がついてしまいます。

今この場に必要な感情、行動のゴールへ導くために必要な感情は何かを定め、不必要な感情は排除していくように努めましょう。

平常心をつくる

では、自分の感情をコントロールするためにはどうすればよいのでしょうか。

第1章でお伝えしたことを思い出してください。心をコントロールすることは難しいけど、体をコントロールするのはたやすい、とお伝えしましたね。

〝いつも上機嫌〟をつくるには、まず、体をコントロールすることです。心は操作することはできませんが、自分の体はいかようにも操作できますから。そして、体の動きに心はたやすく影響されます。

そのためにやるべきなのが、第1章でお伝えした姿勢と声です。「勢いを姿する」姿勢をとることで気持ちは上向き、体に響く声を出すことで自分のエネルギーを高めることができます。天のカーテンを開き、頭上に明るく広がる空を感じて「気持ちいい」状態に自分をつくります。

〝いつも上機嫌〟という状態がリーダーのデフォルトになれば、そのエネルギーはメンバーにも伝わって、チーム全体が気持ちよく、明るい状態になれるわけです。

ちなみに、体をコントロールすることなく、無理やり明るく振る舞ったり大きな声を出したりすると、間違いなく失敗するので注意してください。

先にお伝えした通り、思ってもいないこと、感じてもいないことをやると、「なんだかうそっぽいな」「気持ちが悪い」「無理してるな……」という印象を与えてしまうからです。

なぜなら、人の声の温度や調子、表情やしぐさなど、言葉以外の情報からものを感じ取る力が人間には備わっているから。下手な役者を見たときの居心地の悪さと同じものを感じます。

感情という内側と、表現という外側が一致していないと、受けた相手にとって気持ちが悪いものになってしまうのです。

では、下手な役者と優れた役者の違いはなんでしょうか。

それは、情報量です。

台本を受け取った役者が最初にやることは、情報のインプットです。自分が演じる人物がどんな生い立ちでどんな毎日を過ごし、どんなものを食べてどんな本を読んできたのか。どんな友人と過ごし、どんな家に住んでいるのか。好きな物、嫌いな物、苦手な物。こういうあらゆる情報を実在の人物であれば調べ、架空の人物ならば監督や演出家と詰めてイメージを固め、情報を自分の中にインプットします。

インプットした情報量の違いが、演技力や表現力の違いといっても言い過ぎではありません。なぜなら、その情報が役者の心に感情を生むからです。

例えば、

「お葬式へ行って、悲しむ演技をしてください」

と、ほぼ情報なしで指示されて演技をするのと、

「幼稚園のころから毎日仲良く遊んだ親友の○○ちゃんが、高校の通学途中で交通事故に遭い、突然亡くなりました。あなたには親友と呼べる友人は○○ちゃんしかいなかったのです。○○ちゃんのお葬式で悲しむ演技をしてください」

と、具体的な情報をたっぷりと与えられてから演技するのでは、どちらが真にせまった表現ができるかは明らかです。

情報が多いほど感情は生まれやすくなり、心の中で演じる人物の心情がくっきりとイメージできるようになるので、演技に説得力が生まれます。

これが、役作りです。

リーダーが持つべき**〝いつも上機嫌〟**のための情報インプットが、先ほどお伝えした体からのアプローチです。

姿勢と声をつくり、エネルギーを高くして、頭上に明るい空を広げるイメージを浮かべることで体を気持ちよくする情報をインプットする。すると、本当に心身が気持ちよくなって、うそではない〝いつも上機嫌〟の状態になれます。

体からアプローチして、自分の感情をコントロールする。

これを覚えておくと、余計な感情に振り回されることがなくなり、平常心が保てるようになるので非常に人生のプラスになります。

例えば、激しい怒りに襲われたときの人間の体は次のようになります。

①重心が前のめりになって体に力が入り
②視野が狭く
③呼吸が浅くなっている

人は怒りの感情で満たされると、自然とこうした臨戦態勢の体の状態になります。「体からアプローチして感情をコントロールする」という考えで怒りに飲み込まれないようにするには、この逆をやればいいわけです。

①46、47ページで紹介した基本の姿勢をとって重心を中央に据え
②大きく周りを見回して（可能な環境にあるなら空を見上げて）
③71〜74ページで紹介した波の呼吸法を繰り返す

1分もやればスーッと激しい怒りが収まって、冷静さを取り戻すことができるでしょう。

望ましくない感情に襲われたら、まずは体の状態を自分でチェックして、体を操作することで感情をコントロールしてください。これを繰り返していると、徐々に感情コントロールのスキルが上がり、平常心のつくり方に長けてきます。

ところでお話をひっくり返すようですが、僕は平常心が無条件にいいものだとは思

っていません。
アーティストやスポーツ選手など、特殊な職業にある人にとっては、感情の起伏の激しさが生かされることもあると思っています。岡本太郎も「芸術は爆発だ！」という名言を残しています。

こうした一部の特殊な人は、エネルギーが桁違いに高いため、それが魅力になって人を強烈に引き付けます。だから、アーティストはめちゃくちゃな感情で周囲を振り回しても支持を集めます。

ただ、一般の社会人の中にこういう人が入ると、たいていのケースで問題にされます。リーダーに据えても、そのときの感情のままに突拍子もない発言や行動で周りを振り回すので、迷惑な存在になりがちです。しかも、エネルギーにあふれているので影響力が大きい分、さらに厄介です。

一般の社会人がチームを率いるリーダーとして成功するには、やはり平常心を備えて必要な感情で人を導いていくスキルが必須といえるでしょう。

伝え方は「濃度」「スピード」「分量」を考える

リーダーが持つべき平常心というスキルを身に付けたら――もうワンランク上の感情のリード法をぜひ、一流の指導法として知っておいていただきたいと思います。

より効果的に感情を動かすには、相手の個性に合わせて「濃度」「スピード」「分量」を変えて表現すべきだと僕は考えています。

薬の処方と同じ、と考えてください。薬は成分の濃度、一日に摂取する回数（スピード）、いつまで飲むのか（分量）をその症状に合わせて医師が処方しますよね。同じように、リードしたい相手の個性や状況、立場に合わせてこの三つの要素を調整するということです。

僕のクライアントには学生さんから一流企業の経営者まで、さまざまな立場、職業、年齢の人がいます。また、厳しさを求める人、ハードな言葉に心が折れやすい人など、性格もさまざまです。その全ての方に同じ方法で接するのは、あまり効果的ではありません。

例えば、

「同じことを二度と繰り返さないでください」

という厳しい内容を伝えるとき。相手が事態の深刻さを分かっていないな、と感じたら次のように表現の濃度を高めます。

［濃度の高い表現］

- 相手との距離を縮めて
- 前かがみの姿勢で
- 相手の眼を見据えながら
- 厳しい表情で低い声で言う

逆に、常に物事に真っすぐ向き合い努力をする方で、たまたま気が付いていないだけのような場合には次のように濃度を低くします。

［濃度の低い表現］

- 椅子の背の方に少し体を引いて、相手との距離を取り
- 柔らかい目線で、時には目線を外して
- 温かみのある声で言う

体の使い方、どこを見るか、表情、声のトーンで濃度はいくらでも変化を付けられます。

これに、スピードと分量を組み合わせるわけです。

スピードを速くするなら「毎日伝える」、遅くするなら「1年に一度伝える」、分量を少なくするなら「10秒で伝える」、多くするなら「1時間で伝える」、となります。

すでにある一定の成果を出している立場のある人なら、

「濃度を低く」＋「スピードを速く」＋「分量を少なく」

で十分でしょう。

立場のある人へ厳しいことを伝えるときには第三者がいない所で、という配慮も必要です。社会的に大きな結果を出している人へ恥をかかせたり、プライドを傷つけたりすることは、マイナスにしかなりません。

一方、世間をあまり知らない学生さんで、今のタイミングで厳しさを知っておくべきと判断したときには、

「濃度を高く」＋「スピードを速く」＋「分量を多く」

伝えます。

ただ、傷つきやすいキャラクターの場合は、「表情をややゆるめる」など、濃度の調整をすることもあります。相手に何も言わせない方がいいときには「体を相手にグッと寄せる」、逆に話を引き出したいときには「体をゆったりとさせて表情をゆるめる」など、慣れてくると体もうまく使えるようになってきます。

相手によって、どんな「濃度」「スピード」「分量」が効果的かを見極めるトレーニングは、会社だけでなく、飲食店に行ったときや家族や友人とコミュニケーションをしているときなど、いろいろな機会がありますから、ぜひ試してみてください。

自分の表現によって、相手の対応がどう変わるのかを観察し、学習をすると、徐々に〝表現の処方箋〟の見極めと表現力が磨かれていきます。

ブレインストーミングで積極的に相手に意見を言ってほしいとき、交渉の場で相手に意見を言わせたくないとき、いろいろな場で応用の利くテクニックです。

表現力の磨き方

自分の感情をコントロールすることができるようになれば、情報をインプットして必要な感情を表現することが可能になります。平常心は、必要な感情を表現する下地です。

そして、必要な感情を表現することは、トレーニングで磨くことが可能です。主に役者が日常的に行っているトレーニング方法を用いるのですが、僕はビジネスパーソンにとっても必須の訓練だと考えています。

なぜなら、先にもお伝えしたように、**「感情という内側」と「表現という外側」がシンクロするほど説得力を増し、人から信用されるようになるので、感情のゴール、行動のゴールへ導くことが難なくできるようになるからです。**

つまり、プレゼン能力が飛躍的にアップします。

例が悪いかもしれませんが、一流の詐欺師は例外なく、プロの役者レベルにある表現のプロです。必要な感情を難なく表現することができるので、相手の感情をリードして望む行動に落とし込むことができるのです。

つまり、一流の詐欺師は一流のプレゼンターになれるということです。

僕はいつも「プレゼンは舞台というエンターテインメントだと考えてください」とビジネスパーソンにお伝えして、表現力を磨くトレーニングを指導しています。もちろん、ビジネスパーソンはもれなく演技の素人ですから、トレーニングの最初は内外不一致のとても気持ちが悪い表現（失礼）をします。しかし、訓練を重ねるごとに表現力が増し、最終的にその人のプレゼンは劇的に変わります。

超一流の教材はCM原稿

表現力アップのトレーニングには、感情を生む情報が詰まった物語の朗読が最適です。自分が感情移入できるストーリーならば、なんでも構いません。

ちなみに僕が生徒さんにおすすめしている教材はラジオのCM原稿です。**ラジオCMがプレゼンの教材として最適な理由は、明確に感情と行動のゴールが設定されている、超一流のプレゼンだからです。**

コピーライターやナレーターなど、表現のプロフェッショナルたちが、企業が売り込みたいイメージや物を最高の形で表現しているのがラジオCMです。しかも、長さはだいたい30秒から長くても1分で、10回練習しても数分にしかなりませんから、反復練習をするのにもってこいです。

ここでは、広告界の権威ある賞である「ACC TOKYO CREATIVITY AWARDS」を受賞したANAのラジオCM作品をご紹介しましょう。僕がいつも生徒さんたちに朗読をしてもらっている作品です。

『風の伯爵夫人』

雲には、世界共通の、
10種類の名前があるそうです。

たとえばそのひとつ「高積雲」を、日本人は「ひつじ雲」と呼び、
シシリー島の人たちは、「風の伯爵夫人」と、呼ぶ……

青い空にぽっかり浮かぶ雲は、さまざまなイメージを
かき立ててくれるのですね。

さて、その10種類の雲のほかにもうひとつ、
素敵な雲があります。

（空の高くに飛行機の音）

飛行機雲。
旅心をかき立てられる雲です。

青い空、白い雲、飛んでいく飛行機…

どこかへ旅したいと願うとき、
あなたの心に浮かぶ…そんな航空会社になりたいと思います。

いい空は青い。

Ｇｏｏｄ Ｔｉｍｅｓ Ｆｌｙ．ＡＮＡ

作：コピーライター＆ディレクター　福本ゆみ

いかがでしょうか。実に優雅で美しい観光名所を想起させ、旅愁をかき立てる原稿です。「さあANAの飛行機で旅へ行きましょう！」と押し付けず、自然に旅へ出掛けたくなる感情をターゲットへ生む、品の良さがあります。企業イメージもその方が格段にアップします。そういった意味でも、実に良質な教材です。

さて、この原稿を朗読する前に、やるべき三つのステップがあります。

［朗読前のSTEP❶］感情と行動のゴールを読み取る

このCM原稿の感情と行動のゴールは、次のようなものです。

［感情のゴール］　美しい景色を見て優雅な気持ちになりたい

↓

［行動のゴール］　シシリー島へ行く（飛行機で離島へ行く）

ゴール設定が明確になったら、次は相手の感情を自らの感情でリードします。

［朗読前のＳＴＥＰ❷］リードすべき「相手」を明確にする

では、この場合の「相手」とは誰でしょうか？　ヒントは「シシリー島」です。しかもヨーロッパ有数の観光地へ旅立てる――そして、そんな観光名所を好む人。しかも「風の伯爵夫人」ですから、「相手」は「経済的にも時間にも余裕を持つ女性」と考えられます。しかも余裕がある年代といえば、40〜60代といったところでしょう。

［朗読前のＳＴＥＰ❸］感情を生む「情報」をインプットする

次に感情のゴールである「美しい景色を見て優雅な気持ちになりたい」をつくるための情報を自らにインプットします。

- 風の伯爵夫人と呼ばれる高積雲とはどんな雲なのか？
- シシリー島とはどこにある島で、どんな気候でどんな風が吹く土地なのか？
- シシリー島の空の色はどんな色か？
- その空で飛ぶ飛行機、そこから伸びていく飛行機雲の景色はどのようなイメージか？

分からないことはインターネットで調べて、実際の景色を目にしてください。そこからさまざまな感情が生まれるはずです。

この三つのステップは、舞台でいう「役作り」です。相手をどんな感情にさせるのか。そのために必要な情報を脳へインプットして自らその感情になり、リードするために表現をする――という流れです。

何も情報を入れずに朗読をすると「感情をつくる」ことになります。すると、聞いている相手は気持ちが悪くなります。先にもお伝えした、感情と表現の不一致からにじみ出る不自然さが原因です。これでは下手な役者になってしまいます。

感情はつくるのではなく、生まれるものです。そして、感情の母は情報です。

プレゼンの前には必ず、情報をインプットしてから自らの内側に感情を生み、表現をする。それをこの朗読でトレーニングし、習慣にしてください。

また、映画のチラシもなかなか良い教材になります。チラシに収まる短い文章の中に、映画の作り手が引いた感情と行動のゴールという導線が非常に分かりやすく、端的に記されています。こちらも全部読み上げてもせいぜい2、3分ですから、繰り返し練習をするのに適切なボリューム感で、いい教材になります。

そのチラシの映画を実際に見た後であれば、情報もたっぷりと得られるというものです。映画の場面を思い起こしながら感情をしっかりつくり、朗読をすると表現力がどんどん磨かれるのでおすすめです。

頭の中でイメージをしたことが情報となり、あなたの中に本物の感情を生み出します。それが説得力や真実味を内包した表現として、発露するのです。

そして、繰り返しになりますが、エネルギーは高い所から低い所へ流れ込みます。先にお伝えしたように、人を巻き込むエネルギーを持つ感情をしっかり表現して、相手に与えることで、影響力はどんどん強まるようになります。

来たことがある、歩いたことがある、触れたことがある「知っている場所」になるわけです。それでも不安なときは戻ってきてから「ただいま」なんて口にしてみると、さらに脳がだまされてくれるのでおすすめです。

また、運営や守衛スタッフがいるときには、あいさつをしたり、可能なら声を掛けて一言二言話すことも効果的。「知っている場所」に「知っている人」がいる——それだけで、アウェイからホームの感覚にスイッチが入ります。

それを何度か繰り返すと、不安感や緊張感が徐々に薄れてくるので、その状態まできたら、実際に登壇する舞台へ上がってリハーサルをやってみる——これで完璧です。

もし、事前に会場の中へ入れないときは、会場の周りをぐるぐる散歩してみるだけでも違います。

もちろんこのテクニックは講演などの大きなプレゼンテーションの場だけでなく、交渉の場や、会社訪問、就職活動などといったあらゆる場面で有効です。例えば、お見合いの前などにもこうして準備したらきっと落ち着いてお話しできるでしょうね！

このトレーニングは発想の転換をするトレーニングでもあります。知らない場所で悪い緊張をしてしまうならば、そこを知っている場所にしてしまえばいいのです。知らない場所は一度も行ったことのない場所、知っている場所は何度も行っている場所です。

例えば、時間の尺度を地球の歴史46億年までに変えて考えると、１年間に10回行った場所も、１時間に10回行った場所も誤差でしかありません。

こうしてダイナミックに発想の転換をすることによって局面を乗り切ることができるのです。そして実際にやってみると、これがなかなか効くのです!!　ぜひ他の場面でも発想の参考にしてみてください。

プレゼン会場を
「知っている場所」にする方法

緊張は必要なエネルギーであると97ページでお伝えしましたが、声が出なくなる、体が固まるといったレベルまでいくと、それは「悪い緊張」としてパフォーマンスを阻害してしまいます。プレゼン前にその悪い緊張を起こさない予防策としておすすめしたいのが、「知らない場所を知っている場所にする」テクニックです。

人はまったく知らないこと、知らない場所に対して警戒心を持つため、その不安感から過度な緊張へとつながることがよくあります。「知らない場所に行くなんてワクワクするなあ」と、ポジティブに受け止められる人は、その緊張が良いエネルギーになっているので放っておいて大丈夫です。緊張のリリースが必要になるのは、「知らない所でプレゼンなんて不安だな……」「初めての場所でよく分からないのに、何かトラブルでも起きたら怖いな……」という不安が高じてしまっているときです。

そんなときは、知らない場所を知っている場所へ変えてしまえばいいのです。

僕がよくやるのは、可能な限り早く会場へ行き、一度プレゼンをする会場を一回りすること。登壇する舞台から、お客さんが座る座席など、隅から隅まで会場をウロウロしたり、時には壁や椅子に触ったりしてみます。その後、一度会場を出て、近くのコンビニで飲み物を買ったり、トイレへ行ったりしてから、また会場へ戻ります。

この会場から一度出て戻ってくるというのがこつなのです。一度出て戻ってくることで、すでにそこは知らない場所ではなくなります。

第3章

実践する

「ストーリーを演じられる」スキルを身に付ける

第2章までに、人の感情を動かすために必要な技術とロジックについてお伝えしてきました。本章では、その技術を使えるようにするためのレッスンを実践していきます。そして、レッスンに入る前に、おさらいがてら少しこれまでのお話を整理してみましょう。

まず、感情を動かす大前提は「エネルギーが高いこと」でした。そのために、エネルギーを高めるための声と姿勢について学びましたね。

なぜなら、エネルギーは高い方から低い方へ流れるため、エネルギーが高い方が相手に影響を与えることができる――つまり、相手よりも、自分の方がエネルギーが高い状態であることが、相手の感情を動かす必須条件でした。

その上で、自分の感情に方向性を付ける――つまり、相手になってほしい感情に自分が先になり、「感情を感情でリードする」こと。そして、その感情を生むためには、自分の中に情報をインプットすることが必要であることも、すでにお話ししました。

感情を生むための情報は、やはり姿勢がカギでしたね。

背中を丸めたままでは、明るい気持ちにはなれません。また、胸を閉じたままでは、揺るぎない自信は生まれません。自らのエネルギーを表す声も、力ないものになってしまいます。姿勢を正して胸を開き、天のカーテンを開いて心地よい光を浴びているイメージを持って、大きな声を出す。この情報を体へインプットすることで、自分の感情はどんどん「気持ちよく」解放されます。それが相手へも伝播して、相手は「気持ちよく」リードされる――そういう流れでした。


そしてここからが、実践編である本章の核となる「ストーリーを演じる」というレッスンのスタートです。ストーリーとは、人の心を動かす「プレゼンテーション」のこと。自分の中に情報を入れ、しっかりと自分の感情を動かして、それを表現として外へ向けて解放できること。これが、「ストーリーを演じる」スキルであり、プレゼンで人の感情を動かすことができる表現力なのです。

日本人は本当に〝表現力がない〟のか？

ストーリーを演じる表現力について、必要性はあると思いながらもトレーニングをしてきていなかったり、しようと思っていてもどうしたらよいのか分からなかったりすることと思います。

幼少期から表現をする機会に乏しく、そのまま社会人になって同じく表現をしない人たち、もしくは表現のトレーニングをしてきていない人たちに囲まれているというのが現状ではないでしょうか。

一方で、欧米のビジネスパーソンは、非常に巧みにエネルギーの高いパフォーマンスをする人が多いです。これは、教育の違いが大きく、幼少期からスピーチやディベートの授業を多くこなしてきたという土壌がその差を生んでいます。幼少期から日常的に、表現のトレーニングを積んできているわけです。

対して「日本人は表現が苦手」とよく言われてしまうわけですが、僕はそうは考えていません。

その証拠に、表現を磨きあげた多くの日本の役者や映画監督が世界的な映画賞で高い評価を得ています。最近だと、カンヌ国際映画祭で最高賞のパルムドールを受賞した是枝裕和監督の『万引き家族』が記憶に新しいですね。

日本人だから表現が苦手なわけではありません。表現をトレーニングしてきていないだけ、また、表現をする機会が乏しいだけです。

欧米では、先にも述べたような学校教育の環境に加えて、ビジネスの場でも表現力を付ける機会が用意されており、広報担当者などマスコミ対応をするスタッフがメディアトレーニングを受けることも珍しくありません。

また、多くのスポーツ選手もまた、メディアトレーニングを受け、マスコミに対応することにより、より深く自分の考えを伝え、多くのファンを獲得するに至っているわけです。

記者会見やインタビューに企業の人間が臨むとき、企業にとって最大限利益となる好感度や信用度が高くなるような立ち居振る舞いを日ごろからトレーニングしているのです。メディアでどう扱われ、どんな印象を大衆へ与えるかによって、株価が変動することも実際よくあるからです。

対して、日本の企業や団体や政治家が何かミスをしたとき、報道陣を集めた謝罪記者会見をするケースがよくありますが、たいていの場合、目が泳いでいたり、声がか細くなったり、記者の質問に対してしどろもどろになったり、ひどい場合は怒り出したりする人をよく見ます。

表現のトレーニングをまったく受けていないために、最悪の結果を招いているケースが少なくありません。もし、表現のトレーニングを積んだスペシャリストが謝罪記者会見をしたら、マイナスどころか誠実に謝る姿勢が好感を呼び、イメージが好転する可能性だって十分にあります。

しかし、欧米人が生まれつき表現力に特別優れているわけではなく、表現力の重要性をよく分かっていて、トレーニングをする意識を持っているだけです。日本人のわ

われわれも、トレーニングをすれば当然、トレーニングしただけの表現が必ずできるようになります。

特にプレゼンテーションの予定がないとしても、日ごろから表現のトレーニングを行うよう習慣づけることです。

なぜなら、先にもお伝えした通り、ビジネス、プライベートにかかわらず、プレゼン能力が必要になる場は日常にあふれています。表現を磨くほど、人生が生きやすくなることは間違いありません。

日常のトレーニングについては、後ほど詳しく述べていきます。

なんだかハードルが高そう……と心配になるかもしれませんが、安心してください。

「ビジネスや日常生活のコミュニケーションの中で、相手の感情を動かせるようになる」

これが、皆さんのゴールです。

舞台や映画で、見る人みんなの感情を揺り動かす名俳優のような、卓越した表現力が必要というわけではありません。長時間のハードなトレーニングも必要ありません。

よくある思い込みに、「上手に話さなくてはいけない」というものがあります。

しかし、もうお分かりと思いますが、話すことが仕事であるプロじゃない限り、聞く側は「上手に話してほしい」とは求めません。医師の講演会ならば、聞く側は「健康になる方法を教えてほしい」と求めます。また、弁護士が登壇するセミナーなら、「法律に関する知識が知りたい」と求めるわけです。「感動したい！」「大爆笑したい！」などと思って来ているわけでなく、専門知識を吸収したくて来ているわけです。

ところが、登壇する側は「聞いている人を感動させないと……」「笑わせなくちゃ……」と、自分でハードルを高く設定しようとします。そんなことが可能なのは、アナウンサーや芸人など、話のプロフェッショナルだけです。素人が、そんなプロフェッショナルたちと競合しようとしても、かなうわけがありません。

逆に「うまく話そう」という意識が透けて見えて、聞いている方は「なんだかあの人、鼻につくな……」とマイナスの印象を抱かせてしまうことさえあります。

わたしたちが目指すべきは、「うまく話すこと」ではないはずです。相手の感情を動かすことが、目指すべきゴールでしたね。

「とても緊張して話しているけれど、熱意があって温かな人柄が伝わってくるなあ」

そう思わせたら、大成功です。

巧みに話すことが最上ではありません。気持ちいい感情でエネルギー高く話すことで、相手の感情をリードできたら、大成功です。自己顕示欲に走って、自分だけが気持ちよくなるような話し方をしてしまうと、大失敗しますから注意が必要です。

では、具体的にはどんな練習をしていけばよいのか？

僕が皆さんにおすすめしている表現力の練習法は、

①「自己紹介の1分間スピーチ」

②「好きな話の1分間スピーチ」

③「日常の中のプレゼン遊び」

このたった三つだけです。

まずは1分間スピーチから始めていきましょう。

ファーストステップの「1分間スピーチ」

「1分間で自己紹介をしてください」

プレゼンレッスンの最初に、僕は生徒さんたちへそうお願いします。「5分間で」と言われたらちょっと気が重くなりますが、「1分間で」と言われるとグッとハードルが下がりませんか?

筋トレも、未経験者がいきなり100キロを上げようとしても無理です。最初は2、30キロから始めて、それを完璧なフォームで上げられるようになってから少しずつ重さを足していきますよね。

プレゼンも同じように、最初は負荷の軽いものを、毎日繰り返し練習すると効果があります。まずは、自分のストーリーを1分間で演じることに挑戦してみましょう。

この1分間スピーチをすらすらと上手にできるようになるまで、繰り返し練習をしてみてください。**なるべくつかえたり言い間違えたりせずに、すらすらと話せるようになるまで、と考えてください。**

これは、プレゼンの練習全てに通じることです。

先に、欧米のビジネスパーソンには巧みなスピーカーが多いという話をしましたが、彼らが事前にかなり本格的な練習を重ねていることはあまり知られていません。カリスマプレゼンターのスティーブ・ジョブズも、新製品発表のプレゼンのときには、数カ月前から入念な準備と本番さながらのリハーサルを繰り返したといいます。

逆に、プレゼンが下手な人ほど、リハーサルをしない傾向にあるという統計があります。当たり前ですが、練習なしでいきなり何かをなす、ということは不可能というわけです。プレゼンテーションも、日々の地道な練習の積み重ねが必須だと考えてください。

1分間スピーチは、聞き手の感情と行動のゴールを設定して内容を構成すると、良い練習になります。

そうお伝えすると、皆さんなかなか無理なゴールを設定しがちです。

例えば、

【感情のゴール】「この人は大変信用できる人だ。この人の会社に投資してみたいなあ」

【行動のゴール】「お金を出して投資する」

といったものです。いかがでしょうか？　たった1分間で可能なゴールでしょうか？　これはカリスマプレゼンターでもけっこう難しいと思えるほどハードルが高いと僕は思います。繰り返しますが、スタートの負荷はごく軽くして、それを何度も行う方が成長を確実にします。

そういう意味では、次ぐらいの負荷が適切なのではないでしょうか。

【感情のゴール】「なんか面白そうな人だなあ。この人ともっと話してみたいなあ。連絡先聞いておこうかな」

【行動のゴール】「名刺交換をする」

これぐらいなら、誰もが無理なく達成できそうです。まずはこのゴール設定で、1分間スピーチを構成してみるといいでしょう。

好きなジャンルについて話す

「自分の好きなこと」を1分間で話すのも、スピーチが上達する非常に効果的なトレーニング法です。

わざわざスピーチの機会をつくらなくても、友人や家族と食事をしているとき、会社で隣にいる同僚となど、どんなときでも構いません。プライベートでも、ビジネスの場での世間話でも、シーンを選ばないので、トレーニングのチャンスはたくさんあります。

おいしかったレストランのこと、感動した映画の話、楽しかった旅行の体験、最近買った時計の話などを話すときは、誰もが思わず温度高く伝えるモチベーションになるので、聞かせる相手に対して「熱にほだされやすい」状況が生まれやすくなります。

すると、相手もつられて思わず前のめりになり「へえー、それはすごく楽しそう！」「自分も行ってみたい！」というリアクションが生まれ、これが素晴らしい成功体験として自分の中で蓄積されます。

よくあるのが「とてもおいしいお店の話をしたら、後日話をした相手もそのお店に行っていた」というケースです。多くの人に経験があるかと思いますが、これは、ビジネスに置き換えると「とても良い商品をプレゼンしたら、クライアントが購入してくれた」という状態と同じです。

「そんなにおいしいお店なら、自分もぜひ行ってみたい！」という感情のゴール、「よし今度の休みに行けるように予約をしよう」という行動のゴールに見事に落とし込めたということ。

忘れないでほしいのは、こうして話をした相手が自分の好きなお店に行っていたり、自分と同じ時計を買っていたり、誰もが必ずプレゼンの成功体験を持っているということです。

ビジネス上では緊張してなかなかうまく伝えることができない……という人も、こうしたプライベート的な「好きな話」でなら、気負うことなく楽しく話ができると思います。

好きな話をするときにこそ高揚感という程よい緊張感に包まれて、エネルギーが高く、感情が自然に生まれやすい状態になり、相手を非常に動かしやすくなるわけです。プライベートでも、ビジネスでも、これらの本質や、感情と行動の導線はまったく変わりません。

まずはこの「好きな話の１分間スピーチ」で

「自分がいいと思っているものを相手もいいと思ってくれた」

という成功体験を10でも１００でも積み上げて、自信を付けていくことをおすすめします。

練習を毎日継続するこつは、話す内容を楽しくすることです。

楽しくないこと、嫌なことは、数日は我慢できてもずっと続けることはできません。逆に、楽しいことは頼まれなくても自然とやりたくなります。

そもそも、**ビジネス上で披露するプレゼンは、９割９分９厘が楽しくて希望に満ちた内容です。**「素晴らしい機能を持っています」「革命的に操作性が向上しています」

「あなたの世界が変わります」——など、未来志向のポジティブ情報を詰め込むのが、プレゼンです。いかに素晴らしい商品か、自分の会社がいかに優れているのか、相手におすすめしたくてたまらないことを話すのがプレゼンですから、練習でも同じく、楽しい話題を詰め込むのが正解です。

1分間の自己紹介の中に自分が楽しかった経験や、好きなこと、未来の夢など、ワクワクするような明るい要素を盛り込んで構成してください。

好きなジャンルについて話すときは映画や本、レストランなど、ネタはなんでも構いません。ワクワクして、感情豊かにエネルギー高くお話できる題材を選びましょう。ポジティブなことを話すとき、人は自然と声の温度が高くなり、表情が生き生きとして前向きな感情があふれ、相手に伝わるようになります。

すると、

①楽しい感情が相手にも伝染する
②相手も楽しい感情になる
③楽しくしてくれた人に好感を持つ

といった好循環が生まれます。

優秀な経営者ほど、情熱を持って感情豊かに話しますから人を巻き込んでいくエネルギーが生まれます。ビジネスだけでなく、プライベートでも同じです。自分が大好きな趣味の話をものすごく感情豊かに話すと、その熱が相手に伝わり、感情も共鳴し始めて相手を巻き込むので、趣味の仲間がどんどん増えていきます。

例えば、恋愛初期なども典型的なプレゼンで、相手を好きだと思う高い熱意や感情が相手を動かし発展していきます。

高いエネルギー、感情、情熱が相手を動かしていきます。

ビジネスもプライベートも、相手は、いわば「熱にほだされる」ように動いていくのです。

スティーブ・ジョブズがApple信者をつくっていったプレゼンの過程などは、その好例ですね。

〝初めて話す感動〟が人の心を動かす

注意してほしいのは、何度も練習を繰り返していると、徐々に新鮮味がなくなってきて感情がこもらなくなってくることです。

無感動な1分間スピーチを100回行っても、感情を動かす力は付きません。第2章でお伝えしたように、感情という内側と表現という外側が合っていない――「内外の不一致」が起こるからです。本当の熱意がないのに、表現だけ熱をこもらせても違和感や気持ち悪さが出てしまいます。皆さんも無駄にテンションが高く、つくったような不自然にポジティブな感情で、欧米人のまねをして大げさな身ぶり手ぶりで話すプレゼンターに違和感を覚えたことがあるのではないでしょうか？

僕は東京藝術大学音楽学部声楽科に在学中、何度も繰り返している歌のレッスン中に、正直「ああこの歌何度も歌っているなあ……」と思いながら無感動に歌を歌ってしまったことがありました。すると、それを聴いた先生にこう声を掛けられました。
「君はこの歌を歌うのは100回目かもしれない。でも、君の歌をお客さんは初めて聴くのだから、君は初めて歌う感動を持って歌わなければいけない」
数十年経った今でも忘れられない大切な言葉です。

人の感情を動かしたいなら、まずは「相手になってほしい感情に自分が先になる」と第2章でお伝えしました。歌もプレゼンも同じく、作業的に繰り返さずに、毎回、自分の感情を揺り起こしながら、初めて話すときと同じ温度で話す練習をしてください。惰性で人の感情を動かすことは不可能です。

「毎回新鮮な気持ちなんて……無理！」と思うかもしれませんが、案外難しいことではありません。

第2章でお伝えした「情報が感情を生む」ということを思い出してください。

例えば携帯電話の営業マンが、新発売の機種についてお客さんに説明するとき、何十人、何百人へ同じ説明を繰り返すことになると思います。徐々に説明は惰性的になりがちですね。でも、お客さんにとっては初めて受ける説明です。初めての感動を持って、説明をしなくてはなりません。

このとき、情報をその都度、脳の中へ入れ直すのです。

「この機能が追加されたから便利になったんだよな」

「このデザインが革新的で、最初に見たとき感動したな」

こうした情報をあらためて入れ直すことで、脳はだまされて「今から初めて話すぞ」とリセットされます。そして新鮮な感動を持って説明をすることができるわけです。

情報リセットは初回限定のことではなく、何度でも有効です。同じ情報でも、その都度入れ直すことで、感情を生むことが可能なのです。人間のこの情報と感情のメカニズムがなければ、役者も同じ舞台を何十回、何百回と演じることは不可能です。

歌手が何年たっても自分の曲を毎回エモーショナルに歌い上げ、聴く人が何度でも感動できるのも、同じメカニズムが働いているからです。

毎回、新鮮な感動を持って表現することができるようになるまで「情報で感情をリセットする」作業を練習してください。

この作業を繰り返していると、条件反射のような能力を体得でき、長い時間かけずに一瞬でリセットできるスイッチのようなものが身に付きます。

名優といわれる人の中には、本番の直前まで共演者と無駄話を楽しんでいても、自分の出番寸前にスイッチを入れ、突然深い悲しみの演技を始められる人もいます。

いつかそのような能力が身に付くまで、少し時間を取って準備をする癖をつけてみてください。

日常の中で行う「プレゼン遊び」

毎日の1分間スピーチの他、ぜひ行ってほしいレッスンが「プレゼン遊び」です。これは、**日常の中で機会を見つけて「自分の望む感情へ相手を動かす」というゲームのこと。要は「プレゼン能力で遊んでみましょう」というものです。**

実は、僕はこのプレゼン遊びを日常の中でしょっちゅうやっていますので、分かりやすい例として実際にどんなふうに行うのかを、お話ししてみましょう。

僕はアーティストのＬＩＶＥツアーの仕事や、講演などに呼ばれて、全国のホテルを使うことが多くあります。そのホテルにチェックインするときにプレゼン遊びを行っているのです。

ゲーム結果から先にお伝えすると、僕はホテルに宿泊する10回中2、3回は、部屋をアップグレードしていただいているんです。もちろん、自分からそう要望したわけではありません。株主やホテル会員になっているわけでもありません。ただ、プレゼン遊びをしただけです。

では具体的に何をしたのでしょうか？

まず最初に、プレゼンは相手に望む行動があるのですから、行動のゴールを設定します。

行動のゴールは、相手の方が僕に対して「部屋をアップグレードする」です。

そして、プレゼンは相手の感情を動かして、行動のゴールへ導くわけですから、その対象が誰なのかを明確にしなければいけません。

その対象の感情を動かして行動へとつなげるわけですから、相手の今置かれている状況を想像したり、相手の感情の裏を想像することが大切です。ここが相手のスタート地点になるわけです。

スタート地点が分からないと、どのようにゴールへ連れて行けばよいのかが難しいですよね。

それらを整理して、このように設定しました。

僕がプレゼンをする相手（対象）はフロントの方です。

このフロントの方に「部屋をアップグレードしてもらう」ということを行動のゴールとして設定します。

ホテルの客室は常に満室なわけではありません。空いた部屋を放っておいても利益は生みませんから、お部屋をアップグレードすることによって、お客様のリピート率を高めるサービスをすることがあると想像します。

上司から、「今日はこのようなお客様がいらしたら、4部屋まではアップグレードして構いません」とアップグレードの許可を得ているかもしれません。

では、ホテルとしてはどんな人に対してアップグレードをすると想像できますか？

きっと、

「もう一度来てくれそうな人」『ホテルの品格に合った人』『お金に余裕がありそうな人」

こんな感じではないでしょうか。

それをフロントの方に対してそう感じさせるように表現していくというのが、今回の僕のプレゼンです。


僕はまず、フロントに到着すると、明るくよく響く声で、そして体を大きく感じて、気持ちのよい姿勢で、フロントの方の目を見て「こんにちは」とあいさつをします。この第一声でフロントの方が「あれ？　他のお客さんと違うな」という印象を抱くと思います。

それから終始気持ちよく目を合わせながら、にこやかに、品のある丁寧な敬語でフロントの方と会話をしていきます。

チェックインのカードには丁寧に名前と住所を書き、にこやかに渡します。

相手へ感謝の気持ちが生まれ、自然な表現ができるように、

「ホテルの方が働いてくださっているおかげで、今日も気持ちよく泊まることができる。夜通し寝ずに働いてホテルの安全を守ってくださってる方もいるんだよな」

というような情報も自分の中へインプットしておきます。

このことによって、言葉にせずとも自然と生まれでてくる気持ちで、温かな表現になったり、感謝の気持ちが伝わったりします。

こんなふうに接せられたら、フロントの方はどう感じるでしょうか？

きっと、

「にこやかなとても気持ちの良い、お客様だな。フロントに対してても上からものを言うようなことをせず、ほとんどの方が殴り書きするようなカードにも丁寧に記入してくださり、気持ちに余裕があるんだろうな。とてもきれいな敬語を使われて、所作も素敵だし、きっとお仕事でも活躍されているんじゃないかな。こんな方がもう一度このホテルに来てくださったら、ホテルとしてもとってもうれしいな。そうだ、上司が今日は4部屋までアップグレードしていいって言ってたな。このお客様にアップグレードして差し上げよう!!」

こんな感情が湧くのではないでしょうか。

皆さん、もうお分かりの通り、これが感情のゴールになるわけです。

フロントの方がこの感情のゴールへと流れると、「お客様、実は今日は一つ上のグレードのお部屋に余裕がありまして、もしよろしかったらアップグレードも可能ですがいかがいたしましょう？」と笑顔で提案してくれる――という行動のゴールに至る、というわけです。

これが僕の「プレゼン遊び」です。**相手も自分も気持ちよくなるゴールをつくり、それが見事にはまると双方ともにとても幸せになれるゲームです。**双方共に幸せになる、というのはまさしくプレゼンで目指すべきゴールですね。

しかも、たとえ失敗したとしても、失うものは何もありません。支払うべきお金を払い、予約してあった部屋に泊まるだけです。こちらにも相手にも何も損失は生まれないので、恐れることはありません。

僕もこのプレゼン遊びを始めた二十歳そこそこのころは、たくさんの失敗をしたものです。

当時はくせ者ぞろいの音楽業界の大人たちと、まだ子ども扱いされるような自分が対等に渡り合わなければいけませんでした。威圧的な相手にも負けない表現力を身に付ける必要性を感じた僕は何をしたかというと、夜な夜な高級バーへ通い、コミュニケーションのトレーニングをすることを決めたのです。看板もないような重い扉を開け、カウンターに座り「若くていちげんの客の自分が、ステイタスの高い人間を相手にするプロであるマスターと、対等に楽しくお話をして帰る」という課題を自分に課しました。

もちろん最初はうまくいきません。冷たくあしらわれ、萎縮して何も話せずすごすごと帰ったことが何度もありました。しかし、そこはトライ&エラーの精神で、

「自信のある堂々とした声で話せたか」

「真っすぐ目を見て話せたか?」

「バーの品格に合った、きれいな姿勢で座っていたか?」

「下から調子を合わせておべっかを使ったりしていなかったか?」

「逆に、生意気だったり失礼な言い方をしなかったか?」

「冷たくされたあのとき、どんな表現なら良かったのか？」

そんなことを行くたびに検証しました。そしてまた、高級バーで1杯飲めるくらいの3000円を握り締めて、知らない店でトライする、ということを繰り返したのです。

この一連の流れは、何かと似ていませんか？

忙しいのに、と嫌な顔をされるところから、いろいろと働き掛けて「話を聞いてみようか」というところまで変化させる――そして最後には契約を取る、という営業のプロセスと同じです。つまり、**日常のプレゼン遊びも、ビジネスの営業も、プロセスは同じということです。**

ホテルのチェックインに限らず、レストランに行ったとき、タクシーに乗ったときには、プレゼン遊びの機会がきたと思って、どんどん相手を気持ちよくして自分が望むゴールへと導く練習をしてみてください。

恋人や家族、友人を相手にするのもいいでしょう。身近な相手ほど、感情を動かしたいと思うシーンは多いものですから。

失敗してもまったく構いません。先にもお伝えしたように、失うものは何もないのですから。ただし、なぜうまくいかなかったのか。どういう表現だったらよかったのか。その検証は必ず行ってください。このトライ&エラーの繰り返しによって、プレゼン力はどんどん上がっていきます。

ホテルやレストランでいいサービスをしてもらうのも、銀行から数億円の融資を受けるのも、人間の「感情を動かし」、「行動を導く」という本質はまったく同じものです。逆にいえば、日常で「感情を動かす」ことができない人が、仕事の場面では上手にできるというのは、なかなか起こり得ないことです。

日常の「プレゼン遊び」の積み重ねは、プレゼンの機会を増やし、ハイスピードであなたのプレゼンを成長させ、必ずや将来の大きなビジネスチャンス到来時に大きな利益を生むことにつながります。

ぜひ、日常を使って気を楽にして、楽しくプレゼン遊びに励んでみてください。

人生のあらゆるシーンでプレゼン力を役立てる

前項で述べた通り、ビジネスの場以外――つまり、人生のあらゆるシーンで発生するプレゼンテーションの場について、もう少しお話ししていきましょう。

気になる女性をデートに誘いたい、けんかしたパートナーと仲直りしたい、子どもに勉強やスポーツに対するやる気を出してほしい、初めて行ったお店で良いサービスを受けたい……など、さまざまなシーンで人の感情を動かすためのプレゼン能力が必要になってきます。

ところが、現代人は徐々にそのスキルが低下してきていると僕は感じます。特に、初対面の相手に対しては、必要以上に苦手意識を持つ人が増えてきました。

大きな原因は、肉声でやりとりする機会が激減したことでしょう。今はメールやSNSで文字を介してコミュニケーションを取ることが増え、それに反比例するように、対面や電話で言葉を交わし合う頻度が激減しました。もしかするとコミュニケーションの半分以上がテキストになっていることも多いのではないでしょうか？

僕はそのこと自体に対しては時代の流れですし、もちろんポジティブな要素もたくさんあると思っています。しかし、単に対面のコミュニケーションに慣れていないだけで何か人生のマイナスになるならば「実にもったいない！」と思うのです。

そして冒頭でお伝えした通り、僕が指導した生徒さんたちの多くが、ビジネスだけでなく、プライベートでの人間関係が好転しています。なぜなら、ただ単にプレゼン技術がうまくなったからではなく、「自分が望む感情と行動のゴールへ対象を導く」というスキルを身に付けたからです。

先に、日常でうまくできないのにビジネスの場でできるわけがないとお伝えしましたが、トレーニングをすることによってその逆は起こり得ます。

つまり、**ビジネスの場でプレゼン能力が発揮できるようになると、日常でもあらゆるシーンでコミュニケーションがうまくいくようになるのです。**

次に、その好例をご紹介しましょう。

温かな家族関係を取り戻したＡさん

某企業の管理職であるＡさんは、僕の所でプレゼン講習を受けるようになってから、奥さんと娘さんとの関係性が非常に良くなった、と次のように報告してくれました。

「以前はわたしが帰宅をしても、妻も娘も何もリアクションがなく……まるで透明人間のような扱いでした。それが今では二人とも『おかえりなさい』『おつかれさま』とねぎらいの言葉を掛けてくれ、わたしのための夕食の支度を二人仲良くやってくれるようになりました」

Ａさんが何をしたかというと、奥さんと娘さんの感情をリード（１１３ページ参照）したのです。

まず、Ａさんは、奥さんと娘さんが自分に対して「愛情を持って接する、大切にする」という行動のゴールを設定しました。では、奥さんや娘さんが、どのような感情になったら、この行動が生まれるかと考えると、Ａさんは「お父さんがいると楽しいな！」「お父さんにとても愛されているな」という感情のゴールを設定しました。

相手の感情は、自らの感情でリードすることが基本でしたね。Ａさんは、まず先に自分が家庭の中で、気持ちよく楽しく過ごそう。愛情を持って接しようと心掛け、それをさまざまな行動で表現したそうです。

- 家に帰ってきたときに、明るく温かい声で「ただいま！」と言う
- 奥さんが作ってくれたご飯がおいしかったときに、「俺、これ大好きなんだ！　今日早く帰ってこれてよかった！　ありがとう‼」と言ってみる
- 出張先で、娘さんが好きな生八つ橋を買ってきて、思春期の娘を気遣って、声を掛けずにテーブルに置いておく

などなどそんな表現をしつつ、極力「いつも上機嫌」の状態で家族に接したそうです。たとえネガティブになってしまったときでも、今までならネガティブ１００％で

ぶつかっていたところを、「気持ちいい」をインストールして、ネガティブ30%で接するように努力をしたそうです。（人間、完璧にはできません。理想を言っても仕方ないですから、こうしてネガティブ0%にできなくても、今までよりも少しでも減らす努力がとても大切で、素晴らしいことです）

同時に、Aさんは次のような情報を自分の中へインプットしました。

妻に対しては、

- 日ごろ疲れていても家事をしてくれたり、熱心に娘さんの教育をしてくれていること
- 自分の健康を気遣ってくれていること

娘さんに対しては、

- 娘さんが生まれてきてくれたときの感動
- 自分が思春期のときに親にしたひどい態度を思い出し、あの時期だったから仕方なかったこと、でもうまく表現できなかっただけで親には感謝していたこと

こうした情報をインプットすることで、自分の感情を動かしていきました。するると、自然に二人に対する愛情や感謝があらためて湧き出て、家族にたくさんの楽しい思い出があることにもフォーカスでき

「この家族に出会えてなかったらすごく孤独な人生だったな。本当にこの家族と出会えてよかった！　心から大切にしよう」

という感情が生まれ出てきました。そして、無理やりつくり出すことなく、非常に楽に素直にそれらを行動や言葉で表現することができたそうです。

Aさんの良かったところは、相手の様子をよく観察して、声掛けの「濃度」「スピード」「分量」を的確に調節しているところです。年ごろの娘さんに、ひんぱんにしつこく声を掛ければ「ウザい！」と拒絶されていたと思います。姿勢、表情、態度などの言葉以外の表現をうまく使い、「相手の余裕があるときに」適切に声を掛けたというのが、相手の感情をうまく運ばせたのだと思います。

また、このときにエネルギー低く小さな声でうかがうように声を掛けてもいけません。不安や弱々しさが相手に伝わって、これこそ「ウザい！」となってしまいますか

ら、やはり表現はエネルギー高く、気持ちよい状態で行わなければなりません。

相手に対して心からの愛情を持って、思いやりながらも、自信のある姿勢と声をつくりあげ、エネルギーを高めて「いつも上機嫌」な状態に自分を整えることができた――これが、Ａさんの家庭に福音をもたらすことになりました。

表現の必要性を感じてトレーニングをした研究職Tさん

もう一つ、プレゼン能力を身に付けることで、ビジネスの場で自分の環境を激変させた、素晴らしい好例もご紹介したいと思います。

30代のTさんは、ある化粧品会社で研究職に就いている女性でした。科学者らしい物静かな方で、初めてお会いしたときは声が小さく、失礼ながら少し存在感の薄い印象を受けました。僕は物静かであることは、研究者らしい個性だと感じています。あまりににぎやかな性格過ぎると落ち着いて研究をするということが大変になりますから、その個性自体は決して悪いものだとは思っていません。しかし、僕のレッスンを受ける決意をしてやってきたTさんは、そんな自分を大きく変える覚悟を持っていました。

というのも、どんなに身を削るように研究をしても、表現下手な自分ではその研究の良さが伝わらず、社内で評価をされないために予算も付かず、研究打ち切りという事態にまでなることがしばしばあったというのです。片や、プレゼン上手な研究者はしっかり予算を獲得し、さらに研究を発展させていました。

それでもＴさんは「いい研究をしていれば、いつかは分かってもらえる」と思って研究を続けていたそうです。

しかし、同じことが繰り返されるうち、Ｔさんは徐々に「このままでは何も変わらない。自分はこの研究がいかに素晴らしいものかを分かってもらえる、伝えられる自分になろう」という思いに至り、僕の所へやってきました。

僕はＴさんに表現力を向上させるレッスンをすると同時に、Ｔさんのこれまでのプレゼンがなぜ伝わらなかったのかについてお話ししました。

Ｔさんがこれまでの社内プレゼンでどう表現していたのかというと、エネルギーが低く、感情の表れない表現で、研究についての説明をひたすらしていたというのです。これは研究者や役人の方によくある現象ではあります。

僕は、

「それでは研究に興味のある人しか聞きません。まずは、Tさんのその研究によって、会社の未来をどんなに素晴らしいものにするのかを見せてください。聞く人たちをワクワクさせるような未来を描き、エネルギー高く、感情豊かに表現してください。よし、それならお金を出そう、その研究を会社の真ん中に置こうじゃないかと思わせるのです」

そうお伝えしました。

全ては興味を持たせてから始まります。とにかく話を聞く気にさせる必要があり、研究についての説明は、その後でいいのです。

そして、**会社の経営陣が興味を持つのは、会社の未来を明るくする情報です。まずはそれを入り口にする必要があることを、Tさんには理解してもらいました。**

そしてレッスンが終わってひと月後、Tさんから「自分の研究に500万円の予算が付きました！」といううれしい報告が舞い込みました。

Ｔさんは、

「お金がもらえたことよりも、上司が自分の研究の最大の理解者になってくれた、そのことが一番うれしいです」

そうお話しされていました。

Ｔさんの素晴らしかったところは、科学者の仕事は研究をすることだけでなく、理解して応援をしてくれる人を集めることも重要な仕事であると気が付いたところです。そのために自分自身を変える覚悟を持って、即行動に移すことで、今回の素晴らしい結果につながりました。

練習になりますので、やってみてくださいね。

❷ リアクションしてくれる人へ向かって話す

「誰も自分の話に興味がないんじゃないか」

プレゼンで話している最中に、そんな不安を感じる人は多いと思います。聞いている人が眠そうにしていたり、携帯をいじっていたり――お客さんのリアクションが薄いときほどそう感じることでしょう。

そんなときの対策法は、**リアクションのいい人、よくうなずいてくれる人を見つけてその人へ向かって話すことです**。大人数のプレゼンでも小人数の会議でも、必ずその中に「うんうん」とうなずいてくれる人はいるものです。その相手に向かって話し掛けていくのです。良いリアクションをくれる相手を見ていると、それにつられて自分の話すペースにリズム感が生まれます。そして、うなずく相手に対しては気持ちよく話ができるので、声も表情もポジティブに変わっていきます。リアクションをくれる人は点在していますから目線も自然に全体に振ることができます。そうして話していると興味なさそうに下を向いていた人が、楽しそうな雰囲気を感じ取って「なんだろう？」と顔を上げ好循環が生まれていきます。リアクションをくれない人を気にしてしまうと不安になったり自分のリズムが奪われたりしてしまいますから、いざ話し始めたら、気持ちのよいリアクションをくれる人を探す旅に出ると思ってお話をしてください。

❸ 1分間スピーチを撮影する

第3章で紹介した1分間スピーチは、練習のたびにスマホなどで動画を撮っておくことをおすすめします。何のためにするのかというと、「客観的主観作業」のためです。

人前で何かを表現するときには「お客さんからの視点」が絶対に必要です。「自分がお客さんだったとしたら、この人に魅力を感じるだろうか？」「不自然さを感じないだろうか？」「最後まで聞きたい、また会いたいと思うだろうか？」

など、感情を動かす技術の総仕上げとして、動画を確認してみてください。この客観的主観作業で、あなたの感情が動いたら、きっとお客さんの感情も動くはずです！

プレゼン上手になる三つのテクニック

ここでは、ビジネスパーソンのために、ビジネスの場で行うプレゼンを上達させるためのこつを、三つに厳選してお伝えしましょう。

1 マイキング（マイクテクニック）

「マイクで話すとどうもいつもの調子が出ないんです」「お客さんに声が届いているのか、大き過ぎるのか分からない……」というご相談をよく受けます。実際、多くの人がマイクをうまく使えていないように感じます。

マイクで話すときには次の２点に注意して話すようにしてください。

① マイクは口のすぐそばに持ってくる

② 声のボリュームは落とさない

マイクは普段使うことがあまりないですから、口のそばに持ってきて声が大き過ぎたらどうしよう……など、恥ずかしさもあり、かなりマイクを口から遠い場所に持って話していらっしゃる方が多いようです。一般の方のボリュームだとマイクは口のすぐそばで持ってちょうどいいケースがほとんどです。マイクを口のそばに持っていくのは恥ずかしさなどがあり、抵抗があるものですから、ペットボトルをマイクに見立てるなどして、マイクを口のそばに持ってしゃべる練習をしてみてください。

また、マイクの音量に頼ってボソボソとした声でしゃべると、あなたのエネルギーや情熱が伝わらなくなってしまいます。マイクを使っても堂々と大きな声でエネルギー高く話してください。声は、プレゼン会場の一番後ろの席に座っている人へ話し掛ける意識をすると、よく聞き取れる大きさになります。もしそれでボリュームが大き過ぎるようでしたら、自分の声を落とすのではなく、マイクを少し口から離してあげれば解決します。

現代ではちょっとした人数の会議や結婚式でのスピーチなどマイクを使う場面は意外と多くあるものです。せっかく良いスピーチをしてもマイクを使っているときは、スピーカーから皆さんに伝わりやすい声が出ていなければ、何も伝わらなくなってしまいますから、ぜひマイクに慣れていってください。

カラオケボックスなどでエコーを切ってマイクでお話ししてみるのもいい

終章

特別インタビュー

中西メソッド体験者

取材・文：編集部

世界最大級の
スタートアップイベントで
「人を感動させるレベル」の
プレゼンができました

個人投資家
Drone Fund 代表パートナー
慶應義塾大学SFC 特別招聘教授

千葉功太郎さん

慶應義塾大学環境情報学部卒業後、株式会社リクルート(現株式会社リクルートホールディングス)に入社。株式会社サイバード、株式会社ケイ・ラボラトリーを経て、2009年株式会社コロプラに参画、同年12月に取締役副社長に就任。採用や人材育成などの人事領域を管掌し、2012年東証マザーズIPO、2014年東証一部上場後、2016年7月退任。現在、慶應義塾大学SFC 特別招聘教授、国内外インターネット業界のエンジェル投資家(スタートアップ55社、ベンチャーキャピタル34ファンドに個人で投資)、リアルテックファンド クリエイティブマネージャー、Drone Fund 創業者/代表パートナーを務める。

２０１６年5月。わたしは幕張メッセで開催された、世界各国から４０００人を動員する世界最大級のスタートアップイベント『ＳＬＵＳＨ　ＡＳＩＡ　２０１６』にゲストスピーカーとして立っていました。

スピーチは全編英語。しかも30分間という長丁場を終え、きらびやかなステージを降りたわたしの元へは、友人、知人たちから、

「とても情熱的で、感動しました。本当に素晴らしかった」

「グローバルな一流のゲストたちにまったく引けを取らない素晴らしいメッセージでした」

という、これまでに受けたことのない感想が続々と届きました。

わたしはこれまで、自分は表現下手な日本人の中ではプレゼンがそこそこできる方だ、と正直思っていましたが、今回の周囲の反応は、これまでとは圧倒的に違っていたのです。高評価なだけでなく「感動した」という言葉が次々と送られてきました。

「伝える技術が、人を感動させるレベルまでジャンプアップした」

そう確信をした瞬間でした。

ところが、登壇する2カ月前までのわたしは、実はこれまでになく追い詰められた心境にいたのです。

フィンランド発祥のショーアップされた世界規模のイベント、グローバルな投資家やイノベーターも登壇する『SLUSH』のステージで、たった一人でスピーチする——しかも英語で！　人生で初めての課題が二重、三重に積みあがっているこの大役に、大変なプレッシャーを抱えていました。

それでも、「やるからには」と、ストーリーやプレゼン資料を専門家集団とともに練り上げ、英語を必死で勉強するなど全力で準備をしていましたが、その中でわたしは「資料や英語はなんとかなるとしても……自分自身を劇的にジャンプアップさせる必要がある」と強く感じていたのです。そのためには今までやらなかったことに挑戦しなくてはいけないと模索する中で、「これまでにいなかった、アーティストを指導しているプレゼン講師がいます」と知人から紹介されたのが、中西先生でした。

「千葉さん、練習中は目の前の壁を見ないでください。その先にいる、本番で集まる600人のお客さんを見てください」

最初のレッスンで、中西先生からそう告げられたときの衝撃は忘れられません。そんな練習、したことがなかったからです。まさしく、今まで自分が身を置いてきたビジネスのコミュニティの中では出会わなかったキャラクターであり、今まで得たことのない舞台演出の専門家、アーティストならではの知見をくれる先生でした。

「これで自分は確実に変化できる」――中西先生のプロフェッショナルな指導内容に対する新鮮な感動から、そう確信が持てました。プレゼンの型ではなく、人を感動させるために必要なエネルギーの高め方、本番を全力で想像して練習をする大切さを教えてくれました。

実際、その後の1カ月のレッスンの間、次々と新鮮な指導が続きました。

声の響かせ方、姿勢のつくり方、いろいろありましたが、一番自分の中で大きな要素となったのが「天のカーテンを開ける」という概念でした。両手で頭上をサッと払うと、気持ちも視界もクリアになって、心身のスイッチが入ることが実感できました。

「本番を想像してください。ステージの上でライトに照らされていると思ってください。そして本番と同じ熱意で練習をすることが大切です」

そう言われながら挑んだ練習は、最初はボロボロでしたが、数十回の練習を重ねるうちに、自分でもこれまでと違う自分に仕上がっていくことを肌で感じていました。


さらにプレゼンの前日、先生のアドバイスで本番のステージに立ち「本番と同じ熱意で」リハーサルをしました。他のゲストスピーカーでそんな人はいませんでした。みんな、当日に自分の出番30分前に入る人がほとんどでしたから。

そのとき、会場となった幕張メッセには、準備を進めるスタッフが400人以上いたので、正直、ものすごく恥ずかしかったですね。しかし、そんなこと言ってられないことも分かっていました。わたしは姿勢をつくり、天のカーテンを開けて、いつも通り「本番と同じ熱意で」30分間、本気で英語スピーチをやりきりました。

ステージを降りたとき、準備をしながら聴いていてくれていたスタッフの方から「素晴らしいスピーチでした……感動しました！」と声を掛けられました。

彼らが耳にしたのは、練習のスピーチです。でも、わたしは本番に挑む気持ちで本気でやりました。中西先生が繰り返していた言葉、「本番を想像すること。本番と同じ熱意で行うこと」の効果が現実化したのを感じました。

そして、本番当日も2時間前に入り、天のカーテンを開けて、わたしは『SLUSH』のステージに立ったのです。

わたしには英語が不得手というミスアドバンテージがありました。しかし、表現力はそれを埋めるだけでなく、言語優劣関係なく、人を感動させるレベルにまで伝える力を引き上げてくれました。あとは、本気で、全力で練習すること。これが効いたと思っています。

このプレゼンの概念を変える経験の後、日本語でのプレゼンテーションも当然ながら変わりました。自分でもそう思いますし、周囲の評価がそれを証明しています。

人を動かす表現力は、
プレゼンだけでなく
全てのビジネスシーンで
頼もしい武器になります。

鳥飼総合法律事務所 代表弁護士
日本経済新聞社「企業が選ぶ弁護士ランキング」
2013／2016税務部門1位

鳥飼重和さん

第二東京弁護士会所属。中央大学法学部卒業。税理士事務所勤務後、司法試験に合格。その後、鳥飼総合法律事務所の代表弁護士となる。「変革期には常識が変わり、過去の常識に隠れていたリスクが表面化することが多い。この場合、リスクが表面化する前に先手を打ち、法的責任等のリスクをなくす」ことを提唱。日本経済新聞社「企業が選ぶ弁護士ランキング」の税務部門で、第1回及び第2回調査で総合1位。毎日新聞社出版発行「週刊エコノミスト」の世界的調査会社による「企業法務弁護士ランキング2018」で日本の税務部門筆頭。「戦わずして勝つ、戦っても勝つ」という戦略的イノベーションを目指している。『慌てない・もめない・負けない経営』（日本経営合理化協会出版局）、『使う？使わない？新・事業承継税制の活用法と落とし穴　平成30年度税制改正』（新日本法規）など著書、監修は多数。

タフな交渉をする国――かのアメリカでは、企業のリーダーは表現力のトレーニングを受けていることが多くあります。世界に発信する大舞台のステージでは、Ｔシャツなどの普段着姿の世界的な経営者が、リラックスした様子で、優れたエンターテイメント性の高いプレゼンを行うことが多いのです。それは、経験豊かなプロからのトレーニングによる練習があってこそなんですね。

さて、翻って国内を見てみれば、記者会見やマスコミの取材などにおいて、失言をする経営者や議員を日常的といえるほど目にします。そのほとんどは、味があり、説得力のある表現の仕方についてのプロによるトレーニングを受けていないからです。説得力のある表現ができれば、ピンチを逃れ、むしろ、チャンスに転換することもできるにもかかわらず、です。

半面、最近は驚異的な成績を上げる若いスポーツ選手に、実に見事なマスコミ対応をする人が増えています。若手の国会議員などの中にも、とても表現力が高い人が出てきました。そういう人は、マスコミ取材をてこに知名度をどんどん高いものにしています。その人たちはほぼ例外なく、表現力のトレーニングを受けていると思われます。

経営資源の中で最も重要なのは、「ヒト」です。ヒトしだいで、また、他のヒトを動かすためには、「ヒト」との関係をつくり、「ヒト」を動かすためには、コミュニケーション力が最も重要です。それを磨くことに、それなりの投資をすることは、経営戦略における先手必勝の決め手になります。

ところが、日本ではこのような戦略的な投資をしないのです。それを嘆くのは経営者とは言えません。それをチャンスと見抜くことが優れた経営者と言えるでしょう。競争相手がいないのですから、やっとの思いで競争に勝つより、競争がない世界でオンリーワンになれるチャンスだ、と見るのが将来性のある経営者です。つまり、皆がやらないからわれもやらないは敗者の発想です。むしろ、皆がやらないからこそ、われはやるのだ、という経営者こそ、圧倒的な大勝利を得られるといえます。

わたしもまた、本書の著者である中西先生のトレーニングを受けました。わたしがそうしたのは、知人の弁護士が中西先生のトレーニングのおかげで、その講演が格段に魅力的になったのを見たからです。これはまさに、戦略的投資の成果です。

その弁護士は、中西先生のトレーニングを熱心に受けた後、同じようなテーマで行った講演でも、あたかも舞台で演技をしているような、印象的な講演に変わったのです。それを見たわたしは本当に驚きました。以前は、真面目な弁護士の「実直」な講演という印象しか感じなかったのですが、最近見たセミナーでは大きく変わりました。すなわち、あたかも役者が演技するかのように、話し方が巧みになった上、声まで非常に聞き取りやすく変わり、しかも多数の映像を取り入れる等、演劇を思わせるような魅力的なスピーカーに変貌していたのです。

実はそのころ、わたし自身、たくさんのセミナーを行う中で、滑舌の悪さを感じており、話し方をブラッシュアップする必要性を感じていました。そのため、NHKの元アナウンサーの方に話し方のレッスンをしてもらっていました。確かに滑舌は改善されたのですが、変貌を遂げた知人弁護士のセミナーがより望ましいと考えたので、知人を通して中西先生を紹介してもらったのです

わたしはエンターテインメント業界の顧問を経験していますから、その業界の人たちの存在感のすごさを知ってはいました。中西先生にお目にかかったときも、体の大

きさもあるでしょうが、迫力のある存在感がありました。声楽で鍛えただけあって、柔らかな物腰ながら声は大きく、その声は心地よく響きました。その上で、話されることに説得力がありました。

そんな中西さんから最初に告げられたのが、

「先生、プレゼンテーションは舞台です」

という、今でも忘れられない印象的な言葉でした。

法曹界にはたくさんの著名な先生方がいますが、そうした発想はまったく聞いたことがなかったからです。私たち弁護士は、分かりやすく資料をまとめ、分かりやすく聞く人へ伝える。ただひたすら実直に――という意識しか持ち合わせていなかったのです。だからこそ、中西さんのその言葉は、わたしの中でとても新鮮に響きました。

しかし、よく考えてみれば、弁護士というのは、いろいろな人を説得するのが仕事です。そのためには、相手の感情を動かす舞台のようなストーリー性が非常に大切であることは間違いありません。多くの弁護士は、ロジックで説得しようとしますが、それだけでは、あまり効果的ではありません。人間は感情で動かされているのですから、裁判の場であれば、弁護士は法廷などのステージで、その場にいる人、特に、裁判官の感情を動かす発想と技術が絶対に必要なのです。これを体得するためには、裁判の場の回数を多くするだけでは足りず、それに加えて、人の感情を動かすための表現力の訓練を受けるべきだと考えています。

レッスンの中で特に印象的だったのは、

「聞いている人の感情を動かすためには、その現場の一番遠くにいる人にもエネルギーの高い声を届けることが必要です」

という、中西先生ならではの声の指導でした。声にエネルギーを乗せる、という発想にも非常に新鮮な驚きを感じ、高揚したことを覚えています。

先生の指導の下、外郎売やCM原稿の朗読を行いましたが、滑舌トレーニングをした後にもかかわらず、最初はNGがたくさん出ました。滑舌の良さと「エネルギーの高い声」とはまた別モノだったということですね。それでも「届けたい人の後ろにもう一人いると思って、その人へ届く声を出してください」という、非常に明確な指示をもらえたことで、確実に声に力がついていきました。

また、中西さんからもらったもう一つのイメージが「鳥飼先生が訴えるべき個性は〝愛〟です」というものでした。わたしのキャラクターを中西さん流に分析してもらった末の答えだったのですが、それが自分でも不思議と納得感がありました。それからは、あからさまに愛を意識することはないけれども、セミナーのときには「聞く人のために」というイメージを持って話をするようになりました。

実際、中西さんのレッスンを終えた後に行ったセミナーでは、驚くべき変化がありました。それは、セミナー終了後に、わたしと名刺交換を希望する人たちの行列ができたことです。自分自身、予想していなかった変化でした。以前はほんの数人がまばらに声を掛けてくるくらいだったのですから、驚きました。

愛を持って人の感情を動かす、という手法が、わたしの個性を生かした武器になった瞬間でした。

冒頭でお伝えした通り、わたしは弁護士に限らず、全てのビジネスシーンにおいて、これからは表現力が絶対に欠かせないと感じます。どんな職業の人も、今後グローバルに活躍をするためには、表現力の訓練にリソースを配分すべきでしょう。

文章からビジュアルに、そして映像へと、伝えるためのツールはどんどん進化を遂げています。わたしたちも、自分自身をエンターテインメントとして進化させることが必要であるということです。

表現力を持つことはこれからのビジネスを成功させるための必須条件であり、さらにそこに自分だけの個性を乗せることで、強力な武器になるということを、日本のビジネスパーソンの皆さんにはぜひ知っていただき、実践してもらいたいと思います。

自分はスターになる義務がある。
ピッチで大きく見える自分を
つくる方法を
教えてもらいました

ヴィッセル神戸所属
2011／2019日本代表選手

西 大伍さん

北海道札幌市出身。コンサドーレ札幌（現北海道コンサドーレ札幌）、アルビレックス新潟を経て、2011年に鹿島アントラーズへ。2018年、アジアチャンピオンズリーグでは6試合で2ゴールを決め、同チームをACL王者に導いた。2019年にヴィッセル神戸へ移籍。FW、トップ下の経験を生かし、自ら得点ができる技巧派SBとして期待を集めている。2011年、2019年日本代表選手。2017、18年Ｊリーグベストイレブン、2016～18年Ｊリーグ優秀選手賞、2014年Ｊリーグ最優秀ゴール賞など受賞歴は多数。

中西さんに初めて会ったときの印象は「侍」でした。

友人からの紹介で一緒に食事をしたのですが、そのときに話したのが古来の日本人の在り方についてだったせいもありますが――中西さんの声や姿勢などの佇まいから感じ取った印象もあります。

何よりも、今後、レッスンをお願いしたいと伝えたときに、「西さん、これから僕と殺し合いをしましょう。お互いの中にあるものを出し切る、真剣勝負です」

そう告げられたんですね。自分の仕事に向き合う、人に向き合う覚悟から、自然体で揺るがない侍の強さを感じました。自分も真剣勝負は嫌いじゃない。むしろそれを望む気質ですから、そう聞いたときには「また時機がきたな」と確信しました。

中西さんにメソッドを教わりたいと思ったのは、ちょうど、「スターになりたい」と思っていたからです。そのために必要なことは何かをちょうど考えていた時期に、友人から「〝カリスマメイカー〟の先生がいる」と中西さんを紹介してもらいました。

ある本に「成功者は時機にふさわしい人物と出会い、物事を成す」とありました。

その言葉通り、自分は常に、そうしたサイクルにめぐまれてきた人生だったので「また来たぞ」と感じましたね。だから、具体的に何を教わるのか最初はまったく知らなかったのですが、迷わずにお願いしました。

それからひと夏、中西さんの指導を受けました。行ったのは「外郎売」を読み上げる発声練習や姿勢、あとは座学。

声については単純に大きな声を出すのではなく、自分のエネルギーの高さを表すものであること、そして出すことでエネルギーを使うことになるということ、エネルギーは使わないと新たに入ってこないということを教わりました。これも非常にふに落ちる話でしたね。

自分の声は内にこもる方だと自覚していたので、体の中で響かせることを日常から意識するようになりました。徐々に無意識にできるようになるといいなと。練習は車の運転中に、そらんじた外郎売の冒頭を繰り返し発声しています。

同じように、「天のカーテン」を開いて自分に光が当たっているという感覚も意識せずにできるようになることを目指しています。ピッチ上ではプレイのこと以外、意識することは難しいですから。

レッスンはまだ数回ですが、試合のビデオを後で見返すと、存在感が大きくなったことを感じます。あと、けっこう点が取れるようになりましたね。今まで重ねてきた練習ももちろん影響していると思いますが、中西さんとの出会いも結果を出した一つの要因です。

実際、レッスンを受け始めてから3カ月後、当時所属していた鹿島アントラーズはアジアチャンピオンズリーグで優勝しました。そして、自分はそこで6試合で2得点をとりました。

これが「時機に出会う」ということだと思います。やっぱり自分は最高のタイミングで最高の人に出会っているなと確信しました。

自分は好きなことを仕事にして、そして結果を出してきました。自分に絶対的な自信を持っていると同時に、常に成長している実感を求めています。とどまらず、どんどん成長をしたい。それは自分の人生にとってかなり重要なポイントです。

そうした意味で、結果を出してきた中で次に成長をするために、スターになりたいと考えたんです。それは、自分の義務です。それだけのものを持って生まれてきた人間の義務だと考えています。

スタジアムで存在感を放って、人に鳥肌を立たせたい。そのためには、たくさんの人から本気で応援される選手になる必要があります。応援のパワーをもらって、それを自分の中に入れ、能力に変えることができる選手。それが今、自分が持っているスター像です。


あとは、自分の今までの人生を、聴きたいと望む人へ話す機会もこれから作りたいと思っています。聴きたい、という人がいたらその人のために最高の形で話せるようにしたい。最近は、そうも考えるようになりました。そのために声や話し方を今から訓練して、いつでもスタートできるようにしておきたい。

あと、歌もうまくなりたいと中西先生にリクエストしています。歌手デビューも狙っていますから（笑）。

外郎売

82ページでご紹介した「外郎売」の全文をご紹介します。

拙者親方《せっしゃおやかた》と申《もう》すは、お立合《たちあい》の中《うち》に、ご存知のお方もござりましょうが、お江戸を発って二十里上方《かみがた》、相州《そうしゅう》小田原一色町《いっしきまち》をお過ぎなされて、青物町《あおものちょう》を登《のぼ》りへお出でなさるれば、欄干橋虎屋藤衛門《らんかんばしとらやとうえもん》、只今は剃髪《ていはつ》致して円斉《えんさい》となのりまする。

元朝《がんちょう》より大晦日《おおつもごり》までお手に入れまする此《こ》の薬は、昔、ちんの国の唐人《とうじん》、外郎《ういろう》という人、わが朝《ちょう》へ来《き》たり、帝《みかど》へ参内《さんだい》の折から此の薬を深く籠《こ》め置き、用ゆる時は一粒《いちりゅう》ずつ冠《かんむり》のすき間より取り出《いだ》す。依《よ》ってその名を帝《みかど》より「透頂香《とうちんこう》」と賜《たまわ》る。

則《すなわ》ち文字には頂《いただ》き・透《す》く・香《にお》いと書いて透頂香と申す。

只今は此の薬、殊《こと》の外《ほか》世上《せじょう》に弘《ひろ》まり、方々《ほうぼう》に偽看板《にせかんばん》を出《いだ》し、イヤ、小田原の、灰《はい》俵《だわら》の、さん俵《たわら》の、炭俵《すみだわら》のといろいろに申せども、平仮名をもって「ういろう」と記《しる》せしは親方円斉《おやかたえんさい》ばかり。

もしやお立合いの内《うち》に、熱海《あたみ》か塔ノ沢《とうのさわ》へ湯治《とうじ》にお出《いで》なさるるか、又は伊勢《いせ》御参宮《ごさんぐう》の折《おり》からは、必ず門違《かどちが》いなされまするな。

お登《のぼ》りなれば右《みぎ》の方《かた》、お下《くだ》りなれば左側《ひだりがわ》、八方《はっぽう》が八《や》つ棟《むね》、おもてが三《み》つ棟《むね》、玉堂造《ぎょくどうづく》り、破風《はふ》には菊《きく》に桐《きり》のとうの御紋《ごもん》を御赦免《ごしゃめん》あって、系図《けいず》正しき薬《くすり》でござる。

イヤ最前《さいぜん》より家名《かめい》の自慢《じまん》ばかり申《もう》しても、御存知《ごぞんじ》ない方には正身《しょうしん》の胡椒《こしょう》の丸呑《まるの》み、白河夜船《しらかわよふね》、されば一粒《いちりゅう》食《た》べかけて、其の気味合《きみあ》いをお目《め》に懸《か》けましょう。先《ま》ず此《こ》の薬《くすり》をかように一粒舌《いちりゅうした》の上《うえ》にのせまして、腹内《ふくない》へ納《おさ》めますると、イヤどうもいえぬわ、胃《い》・心《しん》・肺《はい》・肝《かん》がすこやかになりて、薫風咽《くんぷうのど》より来《き》たり、口中微涼《こうちゅうびりょう》を生《しょう》ずるが如《ごと》し。魚鳥《ぎょちょう》、茸《きのこ》、麺類《めんるい》の喰合《くいあわ》せ、其《そ》の他《ほか》、万病即効《まんびょうそっこう》あること神《かみ》の如《ごと》し。

さて此の薬、第一《だいいち》の奇妙《きみょう》には、舌《した》のまわる事《こと》が、銭《ぜに》ゴマがはだしで逃《に》げる。ヒョッと舌がまわり出すと、矢《や》も楯《たて》もたまらぬじゃ。

そりゃそりゃ、そらそりゃ、まわってきたわ、まわってくるわ、あわや咽《のど》、さたらな舌《した》に、か牙《げ》さ歯音《しおん》、ハマの二《ふた》ツは唇《くちびる》の軽重《けいちょう》、開合《かいごう》さわやかに、あかさたなはまやらわ、おこそとのほもよろを、一つへぎへぎに、へぎほしはじかみ、盆《ぼん》まめ盆米《ぼんごめ》盆ごぼう、摘蓼《つみたで》つみ豆《まめ》つみ山椒《ざんしょう》。書写山《しょしゃざん》の写僧正《しゃそうじょう》。粉米《こごめ》のなまがみ、粉米《こごめ》のなまがみ、こん粉米《こごめ》の小《こ》なまがみ。繻子《しゅす》ひじゅす、繻子《しゅす》繻珍《しゃちん》。

親も嘉兵衛《かへい》、子も嘉兵衛、親かへい・子かへい、子かへい親かへい。古栗《ふるくり》の木《き》の古《ふる》切口《きりくち》。雨合羽《あまがっぱ》か番合羽《ばんがっぱ》か、貴様《きさま》のきゃはんも皮脚絆《かわきゃはん》、我等がきゃはんも皮脚絆《かわきゃはん》。しっかわ袴《はかま》のしっぽころびを、三針《みはり》はりながにちょと縫《ぬ》うて、ぬうてちょとぶん出せ。かわら撫子《なでしこ》野石竹《のせきちく》、のら如来《にょらい》のら如来《にょらい》、三《み》のら如来《にょらい》に六《ろく》のら如来《にょらい》。

一寸先《ちょっとさき》のお小仏《こぼとけ》におけつまづやるな、細溝《ほそどぶ》にどじょにょろり。京《きょう》のなま鱈奈良《たらなら》なま学鰹《まながつお》、ちょと四、五貫目。お茶立《た》ちょ、茶立《た》ちょ、ちゃっと立《た》ちょ茶立《た》ちょ、青《あお》竹茶筅《だけちゃせん》でお茶ちゃっと立《た》ちゃ。来るわ来るわ何が来る、高野《こうや》の山《やま》のおこけら小僧《こぞう》。狸百匹箸百膳《たぬきひゃっぴきはしひゃくぜん》、天目百杯棒八百本《てんもくひゃっぱいぼうはっぴゃっぽん》。武具馬具《ぶぐばぐ》武具馬具《ぶぐばぐ》三武具馬具《みぶぐばぐ》、合せて武具《ぶぐ》馬具《ばぐ》、六武具馬具《むぶぐばぐ》。

菊栗菊栗《きくくりきくくり》三菊栗《みきくくり》、合せて菊栗《きくくり》六菊栗《むきくくり》。麦ごみ麦ごみ三麦ごみ、合せて麦ごみ、六麦ごみ。

あの長押《なげし》の長薙刀《ながなぎなた》は誰《だれ》が長薙刀《ながなぎなた》ぞ。向《む》こうの胡麻《ごま》がらは荏《え》の胡麻《ごま》がらか真《ま》ごまがらか、あれこそほんの真胡麻《まごま》がら。がらぴぃがらぴぃ風車《かざぐるま》。おきゃがれこぼし、おやがれこぼし、ゆんべもこぼして又こぼした。

たあぷぽぽたあぷぽぽ、ちりからちりからつったっぽ、たっぽたっぽ一干だこ。落たら煮て食お、煮ても焼ても食われぬ物は五徳《ごとく》鉄《てっ》きゅうかな熊童子《くまどうじ》に、石熊《いしくま》石持《いしもち》、虎《とら》熊虎《くまとら》きす。中《なか》でも東寺《とうじ》の羅生門《らしょうもん》には、茨木童子《いばらきどうじ》がうで栗五合《くりごんごう》つかんでおむしゃる、かの頼光《らいこう》のひざ元去らず。

鮒《ふな》きんかん椎茸《しいたけ》、定めて後段《ごだん》なそば切りそうめん、うどんか愚鈍《ぐどん》な小新発地《こしんぼち》。小棚《こたな》の小下《こした》に小桶《こおけ》に小《こ》みそがこ有《あ》るぞ、小杓子《こしゃくし》こ持って、こすくってこよこせ。おっと合点《がてん》だ、心得《こころえ》たんぼの川崎《かわさき》、神奈川《かながわ》、程ヶ谷《ほどがや》、戸塚《とつか》は走って行けば、やいとを摺《す》りむく三里ばかりか、藤沢《ふじさわ》、平塚《ひらつか》、大磯《おおいそ》がしや、小磯《こいそ》の宿《しゅく》を七ツ起きして、早《そう》天早々《てんそうそう》、相州小田原《そうしゅうおだわら》、透頂香《とうちんこう》。

隠《かく》れござらぬ貴賤群衆《きせんぐんじゅ》の花のお江戸の花ういろう、あれあの花を見てお心をおわらやぎやという、産子這子《うぶこはうこ》に至《いた》るまで、此《こ》の外郎《ういろう》の御評判《ごひょうばん》、ご存じ無いとは申されまいまいつぶり、角出《つのだ》せ棒出せぼうぼうまゆに、臼杵《うすきね》すりばちばちばちぐわらぐわらぐわらと、羽目《はめ》を弛《はず》して今日《こんにち》お出《いで》のいずれも様《さま》に、上げねばならぬ売らねばならぬと、息せい引っぱり、東方世界《とうほうせかい》の薬の元〆《もとじめ》、薬師如来《やくしにょらい》も照覧《しょうらん》あれと、ホホ敬《うやま》って、ういろうはいらっしゃりませぬか。

おわりに

最後までお読みいただき、ありがとうございました。

本書には、今の僕が皆さんへ提供できる「感情を動かす技術」の全てを詰め込みました。冒頭でお話しした通り、お伝えした技術は、今後皆さんの人生を好転させる力としていただければと思っています。

そして、その力は「感情のゴール」と「行動のゴール」を設定した後、そのゴールに到達することだけを考えて集約してください。

とはいえ、それは簡単なことではないと思います。ゴールまでの道程を邪魔する、自らの衝動的な感情との戦いが、絶え間なくやってくるからです。

「恥をかきたくない」「他人の目が気になる」「もっとカッコよく見せたい」「あいつだけは許せない」——そんな一時の衝動的な感情に次々と襲われて、流されそうになり、到達すべきゴールを忘れてしまうのが、人間の常です。感情に身を任せて気が付いたら、望まない結果になっていた……というのはよくあることです。

これまで述べてきた通り、「感情」というものは味方にできれば非常に心強いものですが、実は、邪魔者になってしまうことも多々あるからです。

僕は、この一時の衝動的な感情に身を任せ、本来実現すべき人生の目的を忘れてしまいそうなとき、軌道修正に役立つ良い言葉を知っています。

「大欲徳清浄《たいよくとくせいせい》」という、真言宗の経文にある言葉です。

「大きな欲は正常な悟りを得る」という意味ですが、僕はこれを「自分が到達すべき目標や大いなる夢に常に意識をフォーカスしておくと、小さな欲に引っ張られることなく、実現することができる」と解釈しています。

欲というものをわれわれはとかく否定してしまいがちですが、ここでは欲を否定していません。目標の定まらない、いっときの我欲に振り回されてしまうことが幸せになれない原因なんだと教えてくれているのです。

大きな欲、すなわち大きなビジョンを描いたときは、自分だけの小さないっときの欲を求めては達成することはできません。大きな欲はそれが必ず社会のため、世界のためへと還元されていきます。

では、大手を振って大きな欲を描こうではありませんか!!

衝動的な感情や小さい欲は絶え間なく湧き出てきます。でも、どうかそちらへ引っ張られないでください。引っ張られた結果、自分が設定している「大いなる欲」である夢や目標を実現できるのか？　を考えてほしいのです。

お伝えした「感情を動かす技術」の全て――エネルギーの高い声や姿勢、ポジティブな心、内外が一致した生き生きとした表現は、大いなる欲を達成するためだけに、一点集中をしてください。あなたの人生の目標へ向けて、全ての意識と力をまとめ上げてください。

それができるようになったとき、あなたの毎日はイメージ通りに進み始め、「感情を動かす技術」で人生を楽しく幸せに謳歌することができるはずです。

僕も皆さんと一緒に修行を続けたいと思います!!

中西健太郎

2019年6月

[著者プロフィール]

中西健太郎（なかにし けんたろう）

メディアトレーナー、ボーカルディレクター、プレゼンテーションディレクター

東京藝術大学音楽学部声楽科を卒業後、音楽業界で活躍。現在は芸能、経済界の両方で声や姿勢、話し方をはじめ、表現法やマインドセットまでを指導。有名アーティスト、俳優、アナウンサーから、世界規模で活躍するビジネスパーソンまでを顧客に持つ。担当したアーティストや俳優が次々とオリコンのシングルチャート入り、映画賞を受賞することから、芸能界内で「カリスマメイカー」と呼ばれるように。経済界では独特のプレゼンテーション指導法が口コミで広がり、新製品発表会や講演会を控えた経営者、士業者たちの駆け込み寺になっている。最近では企業や大学、自治体でも講演を行うなど、活躍のフィールドが拡大中。著書に『姿勢も話し方もよくなる声のつくりかた』（ダイヤモンド社）がある。

■中西健太郎　official web site
https://ameblo.jp/kentaro-nakanishi/

■中西健太郎　公式Twitter
@kosmosflower577

アチーブメント出版

[twitter]
@achibook

[facebook]
https://www.facebook.com/achibook

[Instagram]
achievementpublishing

感情を動かす技術

2019年（令和元年）7月２６日　第１刷発行

著者　中西健太郎
発行者　塚本晴久
発行所　アチーブメント出版株式会社
〒141-0031 東京都品川区西五反田2-19-2
荒久ビル4F
TEL 03-5719-5503 ／ FAX 03-5719-5513
http://www.achibook.co.jp

装丁・本文デザイン　轡田昭彦＋坪井朋子
イラスト　内山弘隆
校正　株式会社ぷれす
編集　木村直子
印刷・製本　株式会社光邦

ISBN 978-4-86643-046-1